속담을 말해봐!

 고고 지식 박물관 41

속담을 말해 봐!

글 유혜정 | 그림 경하

초판 1쇄 펴낸날 2010년 1월 22일 | **초판 4쇄 펴낸날** 2012년 7월 1일
펴낸이 변재용 | **출판콘텐츠사업본부장** 남윤정 | **편집책임** 김혜선
기획 우리누리 | **편집** 박은숙, 김지현 | **디자인** 이안디자인
마케팅 김병오, 박영준 | **홍보** 이명제 | **영업관리** 김효순 | **제작** 석보현, 강명주
분해 (주)나모에디트 | **출력·인쇄** (주)삼조인쇄 | **제본** (주)선명제본
펴낸곳 (주)한솔교육 등록 제10-647호 | **주소** 121-904 서울시 마포구 상암동 1653번지 20층
전화 02-3279-3897(편집), 02-3271-3406(영업) | **전송** 02-3279-3889
전자우편 isoobook@eduhansol.co.kr | **북카페** cafe.naver.com/soobook | **페이스북** www.facebook.com/isoobook
ISBN 978-89-535-6593-7 74030 **ISBN** 978-89-535-3408-7(세트)

ⓒ 2010 우리누리·(주)한솔교육
※저작권법으로 보호받는 저작물이므로 저작권자의 서명 동의 없이 다른 곳에 옮겨 싣거나 베껴 쓸 수 없으며 전산장치에 저장할 수 없습니다.
※값은 뒤표지에 있습니다.

 한솔수북의 모든 책은 아이의 눈, 엄마의 마음으로 만듭니다.

머리말

'동굴 한옥'에 들어간 세 사람한테 무슨 일이 벌어졌을까?

정체를 알 수 없는 그 누군가가 '이 세상에서 가장 갖고 싶은 것을 주겠다.'고 한다면 여러분은 어떻게 하겠어요?

이 책에 나오는 기업가, 고고학 박사, 보육원 원장, 이 세 사람은 어느 날 갑자기 '행운의 선물'을 준다는 편지를 받고 마치 약속이나 한 것처럼 편지를 보낸 사람이 오라고 한 '동굴 한옥'을 찾아갑니다.

동굴 한옥은 평범한 집이 아니라, 커다란 정육면체 모양의 미로였어요. 세 사람은 동굴 한옥이 얽히고설킨 미로라는 것을 알고 나서 '함정'에 빠졌다는 것을 깨닫지요. 미로를 무사히 통과하려면 주어진 힌트만으로 수많은 속담을 맞혀야 하지요. 편지에 적혀 있던 '행운의 선물'은 동굴 한옥의 미로를 빠져나와야만 받을 수 있거든요.

과연 세 사람은 수많은 속담 가운데 힌트에 알맞은 속담을 찾아 미로를 통과할 수 있을까요? 동굴 한옥을 만들고 편지를

보냈던 그 사람의 정체는 무엇일까요? 동굴 한옥의 주인은 왜 수많은 사람 가운데 세 사람을 골랐을까요?

　속담은 우리 조상들의 지혜와 웃음이 가득 담겨 있어요. 생활 속에서 겪는 어려움이나 즐거움, 교훈 같은 것이 오랜 시간에 걸쳐 한데 범벅이 되어, 말 한마디만 듣고도 무릎을 칠 만한 멋진 속담이 탄생한 것이죠.

　세 사람이 맞히는 속담이 삶 속에서 어떻게 쓰이는지 생각하며 여러분도 한번 맞혀 보세요. 책이 거의 끝나갈 즈음, 여러분의 속담 실력은 한층 높아질 거예요. 또 동굴 한옥에 얽힌 비밀도 시원스레 풀릴 거예요.

글쓴이 유혜정

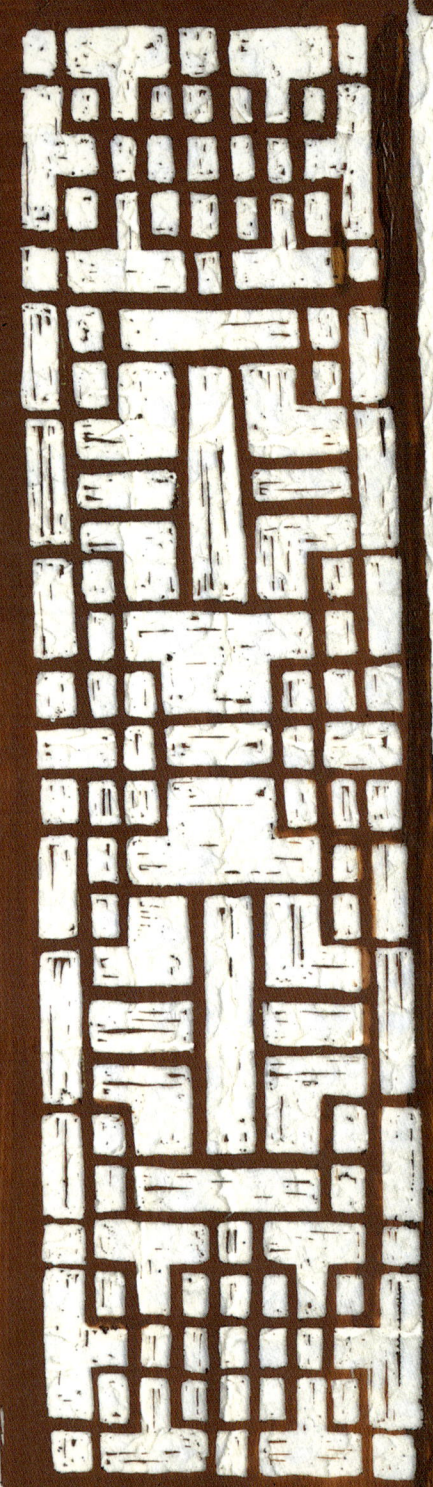

차 례

머리말 04
나오는 사람들 08

뜻밖의 편지 10

비밀에 싸인 동굴 한옥 20

미로 같은 동굴 한옥 30
입에서 입으로 전해 온 속담

고상한의 비밀 42
유럽의 속담 1_ 배려하는 마음과 돈에 얽힌 속담

위대한의 눈물 56
유럽의 속담 2_ 세상을 살아가는 지혜에 얽힌 속담

노란 장미꽃 68
중국 속담_우리나라 속담과 비슷한 속담

동굴 한옥의 주인을 만나다 84
우리나라 속담 1_자연 현상에 빗댄 속담

미로의 반란 100
우리나라 속담 2_쓸모없거나 작은 것들에 빗댄 속담

아! 동굴 한옥 112
우리나라 속담 3_불행도 주고 행운도 주는 '똥'에 얽힌 속담

지혜와 웃음이 가득한 우리나라 속담 128

성실한 원장

평생 동안 어려운 사람을 위해 자원봉사를 하며 살아온 이웃집 아줌마 같은 사람이에요. 고아였던 나극복을 정성껏 키웠지만 단 한 마디의 말실수로 나극복이 집을 나가게 되지요. 성격이 너그럽고 겸손하며 마음이 아주 넓어요.

나극복

고아로 태어나 성실한 씨의 집에서 어린 시절을 보냈어요. 자신이 성실한 씨의 친아들이 아닌 걸 알고 충격을 받아 집을 나왔고, 위대한과 고상한을 차례로 만나지요. 위대한과 고상한을 만난 뒤로 여러 가지 일을 겪으면서 성격이 삐뚤어졌어요. 그러나 항상 마음속으로는 성실한을 그리워해요.

"누가 이 편지를 보낸 거지?"

고고학 박사인 고상한이 조수한테 다급히 물었다. 조수는 언제나 차분하고 점잖은 고상한이 오늘따라 허둥거리는 것이 이상했다.

"보낸 사람 주소가 없어서 잘 모르겠습니다."

"그렇군."

고상한은 책상으로 돌아와 다시 한 번 편지를 천천히 읽었다.

고상한 박사님께

'인류의 역사 유적들을 발굴하고 연구하시느라 얼마나 애쓰십니까? 박사님을 진심으로 존경하고 있습니다. 박사님께서는 '행운의 선물'에 당첨되셨습니다. 행운의 선물은 바로 전설로만 전해져오던 '단군 왕검의 열쇠'입니다. 부산광역시 ○○동에 있는 우면산의 '동굴 한옥'으로 오십시오. 행운의 선물은 바로 박사님의 것이니까요. 단, 이번주 토요일 오후 일곱 시까지 오셔야만 합니다. 꼭! 기회를 놓치지 마세요.

동굴 한옥 주인 올림.

'전설로만 내려오던 단군 왕검의 열쇠가 정말 있는 것일까?' 하고 생각한 고상한은 심각한 얼굴로 시계를 보았다. 오전 11시, 오늘이 바로 그 편지에 적혀 있던 토요일이었다. 장난일 거라고도 생각해 보았지만, 만약 편지의 내용이 정말이라면 우리나라의 역사를 뒤집을 만한 대단한 물건이 될 것이다.

"박사님, 머리카락 좀 가만히 놔 두세요. 비듬 떨어져요."

조수의 말에 고상한은 정신을 차렸다. 고민이 생기면 두 손으로 머리카락을 마구 쓸어 올리는 버릇이 또 나타난 것이다. 고상한의 머리카락이 사방으로 들떠서 머리통이 엄청나게 커 보였다.

"이봐, 조수! 역시 나는 뛰어난 고고학자야, 그렇지?"

조수는 못마땅한 얼굴로 고개를 끄덕였다. 고상한은 가끔 자기를 칭찬하며 행복해하는 '왕자병'이 도지곤 했다. 고상한은 조수가 그러거나 말거나 편지를 들여다보며 호탕하게 웃었다.

"으하하하! 이 편지를 보낸 사람은 나의 뛰어난 가치를 충분히 알고 있는 거야."

고상한은 무언가 큰 결심을 한 듯 가방을 들고 사무실 문을 나섰다.

"영국 고고학협회에서 전화 오면 몸이 안 좋아 입원했다고 해."

"네? 내일 영국에서 지난 번 발굴하신 신석기 유적 논문을 발표하기로 하셨잖아요. 오늘 한 시 비행기 타셔야 해요."

조수가 기가 막히다는 얼굴로 고상한의 앞을 가로막았다.

"아파서 못 간다고 해. 아니면 교통사고가 나서 정신을 못 차린다고 하든가. 전화기는 두고 갈 테니 연락하지 말고!"

"박사님! 가시려거든 머리 좀 빗고 가세요."

고상한은 조수의 말도 듣는 둥 마는 둥 정신없이 차를 몰아 공항에 다다랐다. 그러고는 부산으로 가는 비행기를 탔다.

'지금도 유명하지만 난 더 유명해지고 싶어. 편지의 내용이 사실이라면 난 우리나라 역사에 길이 남을 위인이 되는 거야. 대한민국의 모든 아이들이 내 전기문을 읽고 감동하고 말이야.'

고상한은 상상만으로도 기분이 좋아 웃음이 저절로 나왔다. 하지만 우면산에 도착하자마자 공항에서의 하늘을 날 것 같은 즐거운 기분은 싹 사라졌다.

'이렇게 넓고도 넓고, 깊고도 깊은 산속에서 어떻게 '동굴 한옥'을 찾는단 말인가?'

고상한은 이 골짜기에서 저 골짜기로 돌다가 산을 오르는 사람들한테 동굴 한옥이 어디 있는지 물어보았다. 하나같이 그런 이름은 처음 들어 본다고 했다.

추운 겨울인데도 이마에 땀방울이 맺히고 다리가 천근만근 저려왔다. 엎친 데 덮친 격으로 해도 거의 넘어가고 있었다.

까딱 잘못하다가는 어두운 산속에서 길을 잃을지도 모를 일이었다.

'그냥 영국행 비행기나 탈 걸 그랬네.'

널따란 바위에 엉덩이를 걸치고 앉아 한숨을 내쉬던 고상한은 언덕 아래에서 헐레벌떡 올라오고 있는 사람을 발견했다. 빨간 모자를 쓴 여자와 대머리가 벗겨진 남자였다. 두 사람 모두 고상한 만큼이나 지치고 힘들어 보였다. 대머리 남자가 고상한한테 다가와 물었다.

"혹시 이 산에 동굴 한옥이 있나요?"

"동굴 한옥이요? 실은 저도 그곳을 찾고 있었습니다만."

고상한은 자기 말고 '동굴 한옥'을 찾는 사람이 있다는 것이 무척 놀라우면서도 반가웠다. 빨간 모자를 쓴 여자가 고상한한테 다가와 편지 한 통을 꺼내 보여 주었다.

"전 이 편지를 받고 여길 왔어요. 이 분도 그렇구요."

"저도 단군 왕검의 열쇠를 행운의 선물로 준다는 말에 온 겁니다."

여자는 무척 이상하다는 듯 편지지를 꺼내 펼쳤다.

"이상하네요. 제 편지에는 행운의 선물로 '고아들을 위한 고아원과 후원금'이라고 써 있는데요."

대머리 남자도 편지를 보여 주었다.

"내 행운의 선물은 '앞으로 백 년 동안 엄청난 돈을 벌 수 있는 사업'이라고 써 있어요."

고상한은 누군가 아주 고약한 장난을 한 것이라고 생각했다. 행운의 선물이 모두 다르고 '동굴 한옥'은 흔적조차 찾아볼 수 없지 않은가. 고상한은 속이 부글부글 끓어올랐고 장난을 친 못된 녀석을 꼭 잡아야겠다고 결심했다.

"우리가 엉뚱한 누군가한테 속은 것 같습니다. 더 어두워지기 전에 산을 내려가는 게 낫겠어요. 그러고 나서 이 편지를 보낸 놈을 당장 공갈사기죄로 경찰에 신고할 겁니다."

고상한이 바위에서 일어나 산길을 내려가려고 할 때였다.

타다다다다닥!

갑자기 숲 속으로 이어진 좁다란 길을 따라 불이 차례차례 켜졌다. 그 불빛은 붉은 빛깔과 남빛의 천을 반반씩 넣어 만든 청사초롱이었다. 나뭇가지 위에 매달려 쭉 이어져 있는 청사초롱은 어둡고 낯선 산길을 정겹게 해 주었다.

"우리한테 이 길을 따라 오라는 것 같은데요?"

대머리 남자가 자기의 맨질맨질한 이마를 손바닥으로 쓱 문지르며 말

했다. 잔뜩 화가 나 있던 고상한은 갑자기 청사초롱을 따라 성큼성큼 걸어갔다.

"어떤 놈인지 잡히기만 해 봐라!"

고상한은 편지 보낸 사람을 만나면 무슨 큰일이라도 낼 것처럼 말하면서도 다른 한편으로는 또다른 생각을 하고 있었다.

'장난이 아니었구나, 어쩌면 단군 왕검의 열쇠를 정말로 얻을 수 있을지도 모르겠어.'

이렇게 생각하자 고상한은 저도 모르게 발걸음이

빨라졌다.

"천천히 가세요."

빨간 모자를 쓴 여자가 대머리 남자와 함께 고상한의 뒤를 따랐다. 얼마나 걸었을까. 조금 가다 보니 동굴 하나가 보였다. 어른이 허리를 숙여야만 겨우 지나갈 수 있을 만큼 작은 동굴이었다.

"전 돌아갈래요. 이 안에 뭐가 있는지도 모르잖아요?"

빨간 모자를 쓴 여자의 말에 대답이라도 하는 듯 동굴 안에서 어떤 젊은 이의 목소리가 들려왔다.

동굴 한옥에 잘 오셨습니다.
시간을 정확하게 맞추셨군요.
일곱 시입니다.

　세 사람은 약속이라도 한 것처럼 거의 동시에 손목시계를 바라보았다. 정말 일곱 시였다.
　남자들이 서둘러 동굴 안으로 들어가자 혼자 남은 여자는 발을 동동 굴렀다. 너무 무섭고 추운 데다가 밤길을 혼자 걸어서 돌아가기도 겁이 났다. 한참을 망설이던 끝에 여자도 동굴 안으로 들어갔다.

빨간 모자를 쓴 여자는 눈앞에 펼쳐진 풍경에 할 말을 잊었다. 동굴 안은 겉만 봐서는 도저히 상상할 수 없는 넓은 공간이 펼쳐져 있었다. 그곳은 추운 바깥과는 달리 어디선가 따뜻한 바람이 불어왔다. 그래서인지 풀잎들이 파릇파릇 돋아나 있었다.

더 놀라운 것은 그 공간 한가운데에 커다란 정육면체 입체 퍼즐이 한쪽 모서리 끝을 바닥에 댄 채 서 있었다. 입체 퍼즐은 어린이들이 맞추는 퍼즐과 같이 여섯 면이 노랑, 파랑, 주황, 초록, 보라, 하양으로 되어 있었고 모양도 모두 같았다.

여자는 고상한과 대머리 옆으로 가서 무서움에 떨며 눈앞의 커다란 퍼즐을 바라보았다.

"이게 동굴 한옥이 아닐까요?"

고상한의 말에 대머리가 고개를 가로저었다.

"이게 어딜 봐서 한옥입니까? 민속촌에 안 가보셨나요? 한옥이라면 모름지기

기와가 얹어져 있고 대문도 있고…….”

대머리 남자는 갑자기 말을 멈추었다.

기이이이이이잉!

톱니바퀴가 맞물리며 돌아가는 것 같은 소리가 동굴 안에 울려 퍼졌다. 커다란 퍼즐은 마치 누가 손으로 돌리는 것처럼 빛깔들이 바둑판 모양으로 서로 섞이며 휘리릭휘리릭 정신없이 돌아갔다. 돌아가는 속도가 점점 빨라지면서 나중에는 눈에 안 보일 만큼 빠르게 움직이더니 마침내 본디 빛깔대로 돌아왔다. 마치 어떤 거인이 안 보이는 손으로 퍼즐을 갖고 한바탕 논 것 같았다. 곧이어 퍼즐 바닥에 닿은 모서리 쪽이 열리더니 남자 목소리가 들려왔다.

**동굴 한옥에 오신 걸 환영합니다!
어서 오십시오!**

세 사람은 두려운 마음으로 큐브가 열린 곳으로 들어갔다. 겉 모습과 달리 퍼즐 안쪽은 영락없는 우리나라 전통 한옥 방이었다. 팔각형 모양의 창문에는 난을 그려 넣은 창호지가 발라져 있었고 그 앞에는 여러 빛깔로 수놓은 푹신한 남빛 보료가 놓여 있었다. 창문이 있는 벽을 뺀 나머지 벽에는 미닫이문이 있었는데 옛날 양반들이 읽었을 만한 서책과 붓, 옛스러운 반닫이까지 반질반질 손질이 되어 있었다. 꼭 드라마에서나 보던 양반집 안방 같았다.

　무엇보다 반가운 것은 김이 모락모락 나는 진수성찬 밥상이었다. 펄펄 끓는 신선로, 윤기가 자르르 도는 갈비찜, 노릇노릇하게 구운 생선구이가 보기만 해도 침이 꼴깍 넘어갔다. 상 위에 있는 푯말에는 '금강산도 식후경'이라고 써 있었다.

　세 사람은 꿀 먹은 벙어리마냥 밥상을 보고 한참을 서 있었지만 사람이라고는 아무도 없었다. 대머리 남자가 상 앞에 깔아둔 방석에 털썩 주저앉아 수저를 들었다.

　"금강산도 밥을 먹고 둘러본다잖소? 우리도 먼저 먹고나 봅시다."

그러자 고상한과 여자도 자리를 잡고 신선로의 국물을 떠먹었다.

"읍!"

"이런!"

"윽, 퉤!"

형편없는 음식 맛에 세 사람 얼굴이 일그러졌다. 소금 간이 전혀 안 되어 있어서 속이 느끼하고 울렁거렸다. 갈비찜이나 잡채 같은 다른 음식도 마찬가지였다.

"손님을 초대해 놓고는 이 따위 음식을 내놓다니, 여기 주인이 미친 모양이군."

대머리 남자가 버럭 화를 내며 수지를 내려놓았다. 여자는 잠자코 맹탕인 음식들을 조금씩 꼭꼭 씹어 먹었다.

"제가 고아들을 돌보고 있어요. 밖에서 며칠씩 굶다가 저를 만난 아이들도 있죠. 그런 걸 생각하면 이런 음식도 고맙지요. 목구멍이 포도청이잖아요. 뭐라도 안 먹으면 몸이 못 견뎌요. 그러니 어서 드세요."

"목구멍이 포…… 뭐라구요?"

씩씩대던 대머리 남자가 다시 묻자 여자는 살짝 웃더니 친절하게 설명해 주었다.

"포도청은 조선 시대에 있었던 지금의 경찰, 검찰 같은 곳이지요. 배고픈 게 그만큼 무섭다는 뜻이에요. 옛날에는 먹는 게 워낙 귀했잖아요."

여자의 말을 듣고 있던 고상한이 무릎을 탁 쳤다.

"맞아! 저 아주머니 알아요. 지난 주 신문에서 아주머니 기사를 보았어요. 평생 동안 고아들을 길러 온 고아들의 어머니, 성실한 씨 맞죠?"

"부끄럽네요. 한 일도 없는데 기자들이 그렇게 소개했어요."

성실한이 얼굴을 붉히며 고개를 숙였다. 고상한은 손을 내밀어 악수를 청하며 자기소개를 했다.

"세계에 이름난 고고학자 고상한입니다. 아마 제가 없었다면 대한민국의 고고학은 십 년 넘게 뒤처졌을 겁니다."

고상한은 어느새 왕자병 본색을 드러낸 채 자기 자랑을 했다. 성실한은 그런 고상한의 말을 끝까지 잘 참고 들었다. 오히려 옆에서 듣던 대머리 남자가 입술을 이리 씰룩 저리 씰룩 하며 비웃고 있었다.

"《단군 왕검은 영원하다》라는 책을 쓰신 고상한 박사님이세요? 한반도 공룡도 발견하셨지요? 잡지에서 읽은 적이 있어요. 이렇게 이름난 분을 직접 뵙다니 저야말로 영광이에요."

둘의 모습을 보고 있던 대머리 남자가 흠흠 하고 헛기침을 하며 끼어들었다.

"두 분 모두 정말 훌륭하시군요. 저도 소개를 하겠습니다. 한국이 낳은 세계 속 기업, '창조 그룹'의 회장 위대한입니다."

고상한은 마치 동지라도 만난 듯 반갑게 말했다.

"어이쿠 몰라뵈어 죄송합니다. 위대한 회장님이라면 해마다 어려운 이웃한테 어마어마한 돈을 기부하는 분 아니십니까? 저만큼이나 이름난 분을 만나다니 정말 반갑습니다."

성실한은 서로 잘난 체하는 두 사람을 보며 어이가 없었지만 모른 척 하고는 입을 열었다.

"회장님 같은 분을 왜 이런 곳에 오게 한 건지, 동굴 한옥 주인한테 물어봐야겠군요."

"동굴 한옥 주인은 아주 고약한 사람 같습니다. 음식 내온 것 좀 보세요. 오늘은 너무 늦었고, 내일 아침 일찍 산을 내려갑시다."

위대한은 억지로 밥 한 술을 떴다가 이내 숟가락을 내려놓았다. 그러고는 전화기를 꺼내 어디론가 전화를 걸었다. 그러나 무슨 문제가 있는지 몇 번 번호를 누르다가 거칠게 전화기를 껐다.

"이거야, 원! 아예 전화가 안 되는군요. 여긴 전화가 안 되는 곳인가 봅니다."

이 말을 들은 성실한도 주머니에서 전화기를 꺼내 보았다.

"정말이네. 어쩌나 애들이 집에서 전화할지도 모르는데……."

"전 아예 전화기를 두고 왔습니다. 제가 워낙 유명해서 찾는 전화가 많아 귀찮을 때가 한두 번이 아니라서요."

고상한은 누가 묻지도 않았는데 주절주절 얘기하고 있었다. 위대한이 별 엉뚱한 사람을 다 보겠다는 눈으로 그를 바라보았다. 그때 갑자기 동굴 한옥으로 안내했던 목소리가 울려 퍼졌다.

> 맛있게 드셨습니까?
> 다 드셨으면 옆방으로 가시죠.
> 잠자리를 마련해 두었습니다.

고상한은 화가 치밀어 올라 목소리를 높였다.

"이제 모습을 드러내시죠! 애들 장난도 아니고 이게 뭡니까?"

> 하하하! 화내지 마십시오.
> 절대로 장난이 아닙니다. 내일이면
> 여러분의 지혜를 모아 행운의 선물을
> 받아 가실 수 있습니다.

주인의 말이 끝나자마자 미닫이문이 스르르 열렸다.

남자들 방에는 요와 이불 두 채가 가지런히 펴져 있었고, 성실한의 방은 구석구석에 놓인 화분에 온통 노란 장미꽃이 꽂혀 있었다.

성실한은 자리에 안 눕고 구석에 가만히 앉아서 둘레를 둘러보았다. 도무지 겁이 나서 편안하게 잘 수가 없었다. 노란 장미는 성실한이 가장 좋아하는 꽃이었다.

'이상하네, 어떻게 알았지? 우연일까?'

미로 같은 동굴 한옥

"으아아아! 도대체 이게 뭐야?"

새벽녘이 되어서야 잠이 들었던 성실한은 위대한이 지르는 소리에 화들짝 잠에서 깼다.

"무슨 일이에요?"

옆방으로 건너온 성실한은 곧 자신의 눈을 의심했다. 동서남북 네 군데에 난 문이 모두 활짝 열려 있었고, 방은 모두 붕어빵처럼 똑같이 바뀌어 있었다. 가구도, 꽃병에 꽂혀 있는 꽃도, 방석의 무늬까지도 모두 똑같았다. 위대한이 방바닥에 두 다리를 뻗고 앉아 금세 울음이라도 터트릴 듯이 말을 이었다.

"내가 저 끝 방까지 가 봤다고요. 모든 방에는 문이 네 개야. 그런데 모두 다 똑같아. 열고 또 열어도 똑같다니까. 어디가 어딘지 헷갈려서 길을 잃고 헤매다가 고상한 박사 목소리를 듣고 간신히 여기까지 돌아왔어요. 어이쿠 머리야."

"우리가 들어왔던 문으로 다시 나가야겠어요. 어서 서두릅시다."

고상한은 일이 이상하게 꼬여가는 것을 느꼈다. 어제 머물렀던 방으로

가는 문이 어느새 닫혀 있었던 것이다. 갑자기 방이 옆으로 스르르 돌았다. 조금 뒤 돌던 방이 멈추더니 어디선가 목소리만 들려왔다.

> 게임을 시작합니다. 힘과 지혜를 모아 행운의 선물을 받아 가세요. 먼저, 쉬운 연습 문제가 방석 아래에 있습니다.

"가만 안 두겠어!"

위대한은 화가 머리끝까지 올라 목소리 주인한테 마구 고함을 퍼부으며 네 군데의 문을 열려고 했다. 조금 전까지 부드럽게 여닫히던 문은 꼼짝도 안 했다. 성실한은 고상한이 위대한을 위로하는 사이에 방석을 들춰 보았다. 그곳에는 작은 구멍이 있었고 구멍 안에는 아주 작은 구슬이 가득 들어 있는 주머니와 실이 있었다.

"이걸로 어떻게 하라는 걸까요?"

성실한의 물음에 고상한이 대꾸했다.

"실과 구슬이면 꿰라는 말 같은데요."

"말도 안 돼! 이걸 다 꿰라고?"

세 사람은 한동안 아무 말도 못했다.

"문을 안 열어 주면 부수겠어!"

32

위대한은 얇은 한지로 덮여 있는 미닫이문을 발로 걷어찼다.

"욱!"

위대한은 그대로 푹 고꾸라져 두 손으로 발을 감싸쥔 채 어쩔 줄 몰랐다. 발끝에 찌르르 통증이 전해 왔다. 이번에는 고상한이 방석 앞에 놓여 있는 작은 상을 들어 문에 내리쳤다. 상은 두 동강이 난 채 바닥에 나뒹굴었다. 얼굴이 백짓장처럼 새하얘진 세 사람은 서로 마주보며 어쩔 줄 몰라 했다.

"주인 말대로 안 하면 큰일 날 것 같아요. 먼저 시키는 대로 합시다."

고상한은 구슬의 작은 구멍 안에 실 끝을 집어넣으려고 했다. 구슬이 워낙 작아서 손가락으로 쥐는 것도 어려웠다.

"저한테 바늘이 있어요."

성실한은 바지 주머니에서 작은 플라스틱 통을 꺼냈다. 그 안에는 크고 작은 바늘과 실이 조금 들어 있었다. 성실한은 능숙하게 실을 꿴 바늘을 구슬 구멍으로 집어넣었다.

성실한은 실에 구슬 꿰기를 삼십 분쯤 하니 더는 못할 것만 같았다. 작은 구멍을 바라보니 눈이 침침했다. 고상한은 성실한의 바늘을 집어 위대한한테 내밀었다.

"자, 번갈아 가며 합시다."

"나보고 이걸 하란 말이오? 창조 그룹 회장인 나한테?"

"이런 상황에서 서로 돕고 힘을 모아야 빠져나갈 거 아닙니까?"

위대한은 아무런 대꾸도 안 한 채 방바닥에 길게 드러누웠다. 고상한 이 구슬과 바늘을 성실한한테 건네받았다.

"구슬이 서 말이라도 꿰어야 보배라고 하는데, 얼른 꿰어야 할 것 같은……."

성실한은 더는 말을 할 수가 없었다. 놀랍게도 벽마다 있던 미닫이문 가운데 하나가 열렸다. 세 사람은 조심스레 그 문을 통과했다.

건너편 방도 생김새가 똑같았고 문이 벽마다 넷이 있었다. 세 사람이 통과하자마자 문은 재빨리 닫혔다. 이 순간을 기다렸다는 듯 동굴 한옥 주인의 목소리가 다시 들려왔다.

> 축하합니다.
> 연습문제를 푸셨군요.
> 다음 단계부터는 낱말 하나를 드릴 것입니다.

목소리가 사라지자 위대한과 고상한이 성실한한테 물었다.

"어떻게 한 겁니까?"

"뭘 어떻게 했기에 구슬도 다 안 꿰었는데 문이 열린 거죠?"

성실한도 어떻게 된 일인지 알 수 없었다.

"난 한 게 없어요. 다시 구슬을 꿰려고 바늘과 구슬을 들었죠."

"그리고?"

두 남자가 눈을 동그랗게 뜬 채 성실한의 다음 말을 기다렸다.

"구슬이 서 말이라도 꿰어야 보배라고 했어요. 그것 말고는 없어요."

"그게 무슨 뜻이지?"

위대한은 대머리를 문지르며 중얼거렸다. 고상한은 위대한의 혼잣말을 듣고 온 방 안이 떠나가라 웃음을 터뜨렸다.

"으하하하! 회장님께서 속담 뜻도 모르시다니요. 아무리 가치 있는 것이라도 안 가꾸면 소용없다는 뜻 아닙니까? 행동이 중요하다는 것을 알려 주는 말이라고나 할까요?"

위대한의 얼굴이 빨갛게 달아올랐다. 창조그룹의 회장이 된 뒤로 이 같은 큰 모욕감을 느껴본 적이 없었다. 위대한은 속이 부글부글 끓어올랐다.

"**벼가 익을수록 고개를 숙일 줄 알아야지**, 지금 뭐 하시는 거예요?"

성실한이 선생님 같은 엄격한 말투로 입을 열었다. 고상한은 그제야 웃음을 그쳤다.

"우습잖아요. 잘난 척은 혼자 다 하고 아까 구슬도 안 꿴다고 누워 버리더니, 쉬운 속담 하나도 모르고 말입니다."

"어찌 됐든, 사람을 바로 앞에 두고 잘난 척하는 고상한 선생님도 눈뜨고 볼 수가 없군요. 실망했어요."

고상한은 아무 말도 못하고 괜히 방 안을 뱅글뱅글 돌아다녔다. 그러다 문득 방석 아래를 들춰 보았다. 앞 방에서도 방석 아래에 실마리가 되는 물건을 놔 두지 않았던가.

정말 그곳에는 낱말 두 개가 적혀 있었다.

"이게 뭐야? 아까는 구슬하고 바늘이더니……."

낱말 카드를 고상한한테 받아든 성실한이 말했다.

"이제야 알겠어요. 동굴 한옥의 주인은 우리들하고 속담 맞히기를 하자는 거예요. 세상에!"

"미쳤어! 그건 우리보고 죽으라는 말과 같잖아!"

위대한이 버럭 소리를 치며 허공을 향해 주먹을 휘둘렀다. 그때 갑자기 목소리가 들려왔다.

저런 저런! 화를 내는 건 건강에 안 좋아요.
위대한 사장! 아니지, 지금은 회장님이 되셨지?
예전에 그 누구한테는 더한 일도 하지 않으셨던가?
아마, 배 위에서 낚시를 하고 계셨을 거야. 그렇지?

이 말을 듣는 순간 위대한은 심장에 날카로운 무언가가 스쳐 지나가는 것 같았다. 배 위에서 낚시라니! 그 일은 자기와 죽은 사람 말고는 아무도 모르는 일이었다. 그런데 어떻게 동굴 한옥의 주인이 저런 말을 하는 걸까?

위대한이 움찔하고 있는 사이에도 목소리가 계속 이어졌다.

> 이 동굴 한옥은 수많은 미로가 얽혀 있습니다.
> 그것도 10분마다 방의 위치가 바뀌기 때문에
> 미로를 빠져나간다는 건 불가능하지요. 미로를
> 빠져나오기 전까지 어떠한 음식도,
> 어떠한 물도 안 드립니다.

세 사람은 침묵 속에서 서로의 눈을 바라보았다. 이곳에서 죽을 수도 있다는 생각에 등 뒤로 땀이 흘러내렸다. 과연 세 사람은 미로를 빠져나갈 수 있을까?

> 살 길은 있게 마련입니다.
> 방 위치가 바뀌기 전인 10분 안에 문제를 맞히십시오.
> 그렇게 50개의 방만 지나면 밖으로 나올 수 있습니다.
> 문제를 못 맞히면 방의 위치가 자꾸 바뀌고 다시
> 처음 방부터 시작해야 하지요.
> 목숨을 건 게임, 이제 시작해 볼까요?

"까짓거 얼른 맞혀 봅시다. 세 사람이 머리를 맞대는데 속담 하나 못맞히겠어요? 이래 봬도 난 세계에 이름난 고고학자라고요."

침묵을 깨고 먼저 고상한이 입을 열었다. 두려움에 떨고 있던 성실한도 고개를 끄덕이며 맞장구를 쳤다.

"그래요, 별로 어렵지도 않은 문젠데요 뭐. '사람'하고 '범'이 들어가는 속담이라면 쉽잖아요?"

위대한은 속이 까맣게 타들어갔다. 아는 속담이 거의 없었던 것이다.

'아, 진작에 공부 좀 할걸.'

위대한의 마음도 모르는 채 성실한이 자신있게 속담을 말했다.

"사람은 죽으면 이름을 남기고 범은 죽으면 가죽을 남긴다."

어찌된 일일까? 문은 꿈쩍도 안 했다. 고상한이 다급하게 말했다.

"다른 속담도 생각해 봐요."

"'사람'과 '범'이 들어가는 속담은 그것밖에 모르겠어요."

성실한의 대답에 버럭 화를 낸 건 위대한이었다.

"별로 어렵지 않다면서요!"

"그렇게 화만 내지 말고 한번 맞혀 봐요!"

기가 막혀 눈을 동그랗게 뜬 성실한 대신 소리를 꽥 지른 건 고상한이었다. 맞혀 보라는 말에 위대한은 풀죽은 모습으로 구석자리에 앉아 혼잣말로 중얼거렸다.

"사람은 집에서 살고 범은 산에서 살잖아. 차이점을 잘 생각해 보면 되지 않겠어?"

이 말을 듣자마자 고상한의 얼굴이 환해졌다. 잊고 있었던 속담 하나가 떠오른 것이다.

"그렇지! 바로 그거야. 사람은 글방에서 커야 하고 범은 산에서 커야 한다."

정말 방문이 열렸다. 다들 안도의 한숨을 내쉬며 다음 방으로 건너갔다. 위대한은 존경스러운 눈빛으로 고상한을 바라보았다.

"대단하네요. 그게 무슨 뜻이죠?"

"'사람은 서울로 보내고 말은 제주로 보내라.'는 말하고 비슷합니다. 자기 몫을 하는 사람으로 자라려면 알맞은 곳에 있어야 한다는 뜻이지요. 범이 글방에 있어 봐요. 글 배우러 오는 아이들을 잡아먹거나 글소리에 도망쳐 버릴 겁니다. 하하하!"

"아무튼 덕분에 살았습니다."

위대한은 진심을 담아 고마움을 전했다.

고상한은 문득 자기한테 이것저것 묻던 옛날 조수의 얼굴이 떠올랐다. 그 조수가 고상한을 처음 보고 한 말이 바로 '덕분에 살았습니다.'였던 것이다.

입에서 입으로 전해 온 속담

우리가 알고 있는 속담은 처음부터 있었던 말이 아니에요. 아주 오랜 시간이 흐르는 동안 비슷한 상황을 빗대어 하는 재미있는 말들이, 입에서 입으로 전해지면서 지금의 속담이 된 것이지요. 그래서 속담에는 조상들의 풍습과 생각, 지혜가 담겨 있어요.

옛날에는 먹을 것이 귀했기 때문에 음식에 얽힌 속담도 많이 생겨났어요. **급히 데운 밥이 쉬 식는다**는 속담을 보면, 음식을 생각하는 조상들의 지혜를 엿볼 수 있어요.

밥을 빨리 따뜻하게 하고 싶어서 작은 솥에 덥히고 나면, 식는 속도가 빨라서 금세 식어 버리니 좀 힘들어도 큰 솥에다 데우라는 뜻이거든요. 그러니까 이 속담은 대충 한 일은 끝이 안 좋다는 뜻이에요.

구더기 무서워 장 못 담그랴 라는 속담에는 징그러운 '구더기'가 나오지요. 구더기는 파리 알에서 나온 애벌레인데 누구나 질색할 만큼 싫어하지요. '장'은 우리가 평소에 먹는 된장, 고추장, 간장을 말해요.

'장'은 우리 음식 문화에서 빼놓을 수 없는 귀중한 음식이에요. 그래서 조상들한테 '장 담그기'는 중요한 문화였지요. 구더기가 생길까 봐 미리 걱정이 되어 장을 못 담그는 것은 바보 같은 일이라는 뜻이랍니다. 아무리 힘든 일이 생겨도 꼭 해야 할 일은 반드시 해야 한다고 가르쳐 주지요.

동물을 빗대어 나타낸 속담은 재미가 있으면서도 그 뜻을 쉽게 알 수 있어요. **개가 웃겠다** 는 속담을 보세요. 개가 어떻게 웃을 수 있겠어요? 일어날 수 없는 일이지요. 어처구니없고 기가 막힌 일을 당하거나, 그런 말을 들었을 때 하는 말이에요.

강아지는 방에서 키워도 개가 된다 는 속담은 사람이 갖고 있는 본디 성격은 바꾸기 어렵다는 뜻이에요.

8년 전 여름이었다. 고상한은 새로운 화석을 찾으려고 한반도 남쪽 어느 바닷가 바위를 찾아다녔다. 그때만 해도 세상에 이름이 알려지기 전이어서 항상 이런 생각을 하고 다녔다.

'두고 봐! 꼭 세상이 깜짝 놀랄 발견을 하고 말 테니까.'

바닷가의 바위는 이끼가 잔뜩 끼어 있어서 무척 미끄러웠다. 고상한은 행여나 미끄러져 바다에 빠질까 봐 걸음을 내디딜 때마다 온통 신경이 곤두섰다.

그때 저쪽 바닷물에서 무언가가 떠밀려 왔다.

'저게 뭐지?'

호기심이 생긴 고상한은 몸을 바위 밖으로 빼내고 고개를 쭉 내밀었다. 놀랍게도 그것은 사람이었다. 구명복을 입은 그 사람은 정신을 잃은 채 물살에 이리저리 떠밀리고 있었다. 고상한은 앞뒤도 생각하지 않고 바다로 뛰어들었다. 파도가 넘실거리는 가운데 고상한은 간신히 바다 위를 떠다니는 사람을 끌고 해안까지 헤엄쳐 왔다. 스무 살쯤 돼 보이는 그 청년은 다행히 숨을 쉬고 있었다.

"이봐요. 정신 차려요!"

고상한의 목소리에 청년이 눈을 가늘게 뜨고 바라보았다. 잠시 멍하니 있던 청년이 입을 열었다.

"덕분에……, 살았습니다."

"아니, 어쩌다가 바다에 빠졌어요? 이름이 뭐요?"

"잘 모르겠어요. 내가 누구지요?"

불쌍하게도 청년은 기억상실증에 걸려 자기의 이름도, 몇 살인지도, 살던 곳이 어딘지도 까맣게 몰랐다. 고상한은 그때부터 그 청년을 자신의 조수로 삼고 화석을 발굴하는 곳이면 어디든지 데리고 다녔다. 사람들은 고상한이 좋은 일을 한다며 칭찬을 했다.

"오갈 데 없는 사람을 자기 형제처럼 돌보다니!"

"고상한 씨는 정말 훌륭한 사람이에요."

사실 이런 말은 고상한의 속마음을 모르는 사람들이 하는 소리였다. 고상한은 조수를 교묘하게 이용했다. 화석을 발굴하러 다니면 위험한 장소가 한두 곳이 아니었다. 목숨이 위험할 때도 있었다. 고상한은 그때마다 조수를 시키고 자신은 안전하고 편리하게 화석 발굴 작업을 했다.

조수와 마지막으로 작업을 한 건 깊은 산속의 한 골짜기에서였다. 고상한은 좁고 가파른 골짜기 안까지 샅샅이 뒤져 세상을 깜짝 놀랄 화석을 발굴하고 싶은 욕심에 사로잡혔다.

" 어서 내려가. 보이는 것마다 카메라로 찍고!"

"박사님! 여긴 너무 위험합니다. 줄이라도 끊어지면 저 아래로……."

조수는 너무 깊어서 끝이 안 보이는 골짜기 안을 두려운 눈으로 바라보았다. 고상한은 매섭게 다그쳤다.

"난 네 생명의 은인이야. 이것도 못한단 말이냐!"

망설이던 조수는 허리에 밧줄을 맨 채 골짜기 아래로 내려갔다. 무서워 벌벌 떨면서도 열심히 카메라로 계곡 암석 사진을 찍었다.

"다 했어요. 이만 올려 주세요."

"카메라 먼저 올려!"

고상한은 밧줄에 묶인 카메라를 올린 뒤 조수를 올리려고 팔에 힘을 줬다. 갑자기 조수가 비명을 질렀다.

"으악 박사님! 줄이 끊어지려고 해요."

정말 줄 가운데 쪽이 점점 끊어지고 있었다. 고상한은 서둘러 밧줄을 끌어당겼다. 조수의 목소리가 더욱 다급해졌다.

"어서요! 줄이 끊어져요."

밧줄을 당기는 고상한의 온몸에 땀이 비오듯 했다. 다음 순간 줄이 툭 끊어지며 고상한은 뒤로 벌렁 자빠졌다.

으아아아악!

조수의 날카로운 비명소리가 온 산에 울려 퍼졌다. 조금 뒤 골짜기 아래는 조용해졌다.

'내가 그런 게 아니야. 난 그 애를 구하려고 최선을 다했어.'

고상한은 부들부들 떨리는 손으로 카메라를 꼭 쥐었다. 그러고는 그날 사고를 경찰에 신고도 안 했고 남들이 조수가 어디 갔냐고 물어보면 갑자기 떠났다고 둘러댔다.

"무슨 생각을 그렇게 하십니까? 다음 속담을 맞혀야죠. 시간이 얼마 없어요."

위대한이 고상한의 어깨를 툭 쳤다.

고상한이 골짜기에서 죽은 조수를 떠올리는 사이에 위대한과 성실한은 종이 한 장을 들여다보며 어떤 속담인지 고민하고 있었다.

"소 뒷걸음치다가 쥐잡기?"

성실한의 말에 고상한이 고개를 저었다.

"그건 우연히 했던 일이 잘 됐을 때 쓰는 말입니다. '실수' 하고는 뜻이 다르죠. '소 잃고 외양간 고친다'는 속담은 어떨까요?"

"그건 실수보다 미리 준비하지 못해 후회한다는 뜻입니다. 에헴!"

잠자코 있던 위대한이 껄껄 웃으며 아는 체를 했다. 오랜만에 아는 말이 나왔던 것이다. 고상한은 약이 바짝 올라 되물었다.

"그럼, '실수'를 나타내는 속담을 말해 보시죠?"

"그, 그건……."

위대한이 우물쭈물거리고 있을 때 성실한이 말했다.

"아는 길도 물어서 가라는 어떨까요? 실수하지 않으려면요."

세 사람은 조용히 문이 열리길 기다렸다. 문은 셋을 놀리기라도 하듯 꿈쩍도 안 했다.

"모르면 말을 말든지."

위대한의 중얼거림에 성실한의 얼굴이 새빨갛게 달아올랐다. 위대한은 거만한 얼굴로 고상한한테 말했다.

"어디 맞혀 보시죠. 세계에 이름난 고고학자님!"

"어휴!"

고상한은 마음 속으로 참자고 다짐했다. 언제나 다른 사람한테 명령만 하고 배려할 줄을 모르던 위대한은 지금도 자기가 어떤 실수를 하고 있는지 전혀 모르고 있었다. 세 사람 사이에 침묵이 흐르고 시간은 점점 십 분이 다가오고 있었다.

"얼른 해 봐요. 이제 사십 초밖에 안 남았어요."

위대한이 펄펄 뛰고 있을 때 성실한의 머리에 번쩍 하고 떠오르는 게 있었다. 위대한을 생각하면 얄미운 마음에 입을 다물고 싶었지만 미로를 빠져나가려면 어쩔 수 없었다.

"원숭이도 나무에서 떨어진다! 실수는 누구나 할 수 있다는 뜻이에요."

그 순간 맞은편 문이 조금 열렸다.

"얏호!"

위대한은 자기가 맞힌 것처럼 좋아했다.

"내가 그걸 말하려고 했는데 성실한 여사께서 먼저 하셨네. 그런데 왜 문이 열리다 말았을까요?"

성실한을 무시하던 위대한은 조금 전 자기 잘못을 까맣게 잊고 있었다. 그는 살짝 열린 문틈에 손가락을 넣어 열어 보려고 안간힘을 썼다 문은 꼼짝도 안 했다. 고상한이 위대한을 비웃으며 말했다.

"종이에 '실수 2'라고 써 있으니 하나 더 맞히라는 뜻 아닐까요?"

"아! 그럴지도 모르겠군요. 혹시 '엎지른 물' 이런 속담이 아닐까요? 잘 모르겠지만 예전에 우리 어머니가 자주 쓰셨던 말인데."

위대한이 툭 내뱉은 말에 성실한이 크게 외쳤다.

"바로 그거예요. **쏟아 놓은 쌀이요, 엎질러진 물이다!**"

말이 끝나자 문이 열리며 다음 방이 보였다. 세 사람은 서로 마주보며 웃었다. 이제 미로를 나가는 것은 문제없을 것 같았다.

"**백짓장도 맞들면 낫다**더니 꼭 우릴 두고 하는 말이군요."

위대한이 또 아는 속담을 꺼내며 잘난 척을 했다. 웃고 있던 고상한이 눈살을 찌푸리며 대꾸했다.

"잘난 척 좀 그만 하시지요. **빈수레가 더 요란하다**더니 힌트 하나 내 놨다고 아주 난리를 치시는군요."

"뭐라고요?"

위대한이 눈에 쌍심지를 켜며 고상한한테 들이댔다. 성실한이 안 말렸다면 싸움이 벌어졌을지도 모를 일이었다.

"정말 왜들 이러세요? 제가 돌보고 있는 아이들도 이러진 않아요. 부끄러운 줄 아셔야죠. 조금씩만 양보하고 배려하세요."

고상한은 부끄러운 마음이 들었지만 시치미를 뚝 떼고 방석을 들어올렸다.

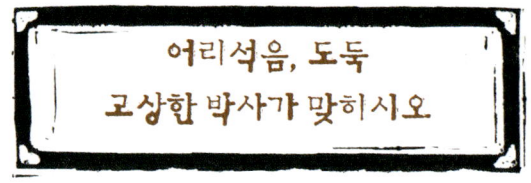

"뭐야, 나보고 맞히라고?"

고상한은 머리가 어지러웠다. 방을 통과할 때마다 문제가 점점 더 어려워졌다.

"박사잖아요 박사! 동굴 한옥 주인도 당신이 가장 똑똑한 줄 아는 모양이오."

위대한이 능글능글 웃으며 말했다. 성실한이 그만하라고 눈짓을 해도 소용없었다.

"그렇게 남 속 긁을 머리 있으면 속담 생각을 하십시오, 속담을!"

고상한은 분통이 터져서 위대한을 노려보았다. 도무지 세계에 이름난 기업의 회장으로 안 보였다. 어떻게 저런 사람이 회장 자리에 오를 수 있었을까. 고상한은 기막혀하며 종이를 바라보았다.

'어리석음, 도둑? 이거 왠지 찔리는걸……'

가뜩이나 죽은 조수의 일로 마음이 안 편했던 고상한은 두 낱말이 마음에 안 들었다.

" '못된 송아지, 엉덩이에 뿔난다' 는 어때요?"

성실한이 넌지시 말을 건넸을 때 방안이 심하게 흔들려 세 사람 모두 바닥에 쓰러졌다.

"이럴수가! 고상한 박사가 안 맞혀서 그런가 봐요."

위대한은 겁에 질려 쭈그리고 앉았다. 성실한도 무섭기는 마찬가지였

다. 두 눈에 눈물이 핑 돌았다.

"저, 혼자 하겠습니다. 이러다 다치겠어요."

고상한은 정신을 집중했다.

'식칼이 제 자루는 깎지 못한다? 이건 다른 일은 잘하면서 정작 자기 일은 잘 못하는 사람한테 하는 말이니까 아닐테고. 혹시 한 번 실수는 병가지 상사? 호미로 막을 것을 가래로 막는다?'

여러 가지 속담을 놓고 고민하던 고상한이 입을 열었다.

"신선 놀음에 도끼자루 썩는 줄 모른다. 빈대 없앤다고 초가삼간 태운다."

혹시나 틀릴까 싶어 속담 두 개를 연거푸 말했다. 문이 조금 열렸기 때문에 모두들 안도의 한숨을 내쉬었다. '어리석음'에 얽힌 속담을 맞혔

으니, '도둑'에 얽힌 속담도 맞혀야 했다.

"이건 쉽지. 바늘도둑이 소도둑 된다. 나쁜 일은 금세 몸에 배게 마련이니까 처음부터 그 뿌리를 뽑아야 한다는 뜻이지."

의기양양하던 고상한의 얼굴이 굳어졌다. 문이 꼼짝도 안 했던 것이다.

"음, 도둑질을 해도 손발이 맞아야 한다?"

문은 여전히 안 열렸다.

"오이는 씨가 있어도 도둑은 씨가 없다!"

그때 문이 스르르 열렸고 동시에 목소리가 들려왔다.

도둑은 누구나 될 수 있다는 뜻이지. 고상한! 당신도 세계에 이름난 고고학자가 되려고 도둑질을 했잖아. 안 그래?

고상한의 등줄기에 땀이 흘러내렸다. 자기가 한 일을 모두 알고 있는 저 동굴 한옥의 주인은 도대체 누구란 말인가?

유럽의 속담 1

배려하는 마음과 돈에 얽힌 속담

유럽 속담은 남을 배려하는 마음과 돈에 얽힌 것이 많아요. 사람들과의 사이를 지혜롭게 만드는 방법과 어떻게 하면 성공할까 하는 내용도 담겨 있지요.

신발을 신고 있는 사람만이 발 어디가 불편한지를 알 수 있다

이 속담은 자신이 직접 안 겪으면 무엇이 문제인지 알 수 없다는 뜻이에요. 종종 우리는 다른 사람의 입장을 생각하지 않고 너무도 쉽게 '고민하지 말아라, 그럴 시간 있으면 다른 일을 해라' 하는 식으로 말할 때가 있어요.

상대방을 배려할 줄 모르면 둘레 친구들을 쉽게 잃어버릴 수도 있어요. 그래서 서양 속담에 '사물의 가치는 그것이 없을 때 가장 잘 알 수 있다.'라는 말이 있어요. 어떤 물건이나 사람을 잃고 나서야 그 소중함을 안다는 뜻이에요. 이 말은 소중한 것이 옆에 있을 때 더 잘하라는 뜻이지요.

돈이 당신의 하인이 안 된다면 당신의 주인이 될 것이다
예방의 1온스는 치료의 1파운드(16온스)와 맞먹는다

이 두 가지 속담은 돈에 얽힌 속담이에요. 첫 속담은 돈을 지나치게 중요하게 생각하면 돈을 위해 살아가는 사람이 된다는 뜻이고, 뒤의 속담은 어떤 일이 일어나기 전에 미리 준비하고 예방하는 것이 가장 중요하다는 것을 알려 주지요.

모자는 빨리 벗되, 지갑은 천천히 열어라

이 속담은 돈을 아껴서 쓰라는 뜻이 담겨 있어요. 옛날 서양 사람들은 밖에 나갈 때마다 모자를 썼는데 집 안에 들어오면 벗는 것을 예의라고 여겼어요. 예의는 빨리 지키는 게 좋지만 돈을 쓸 때에는 신중하게 생각해서 쓰라는 뜻이지요.

근면은 부의 오른손이고 절약은 그의 왼손이다

이 속담에는 부자가 되려면 성실하고 절약하는 생활이 몸에 배어야 한다는 뜻이 담겨 있어요. 정직하고 성실하게 일해서 부자가 되는 건 좋은 일이므로 노력하라는 뜻이에요.

부자가 넘어지면 재난이라고 하고 가난한 사람이 넘어지면 술에 취했다고 한다

부자가 되는 방법을 이야기한 속담이 있는 반면에 부자와 가난한 사람을 차별하는 사람을 비꼬는 속담도 있어요. 또 가난한 사람보다 부자를 더 중요하게 생각하는 세상 인심을 비꼬는 속담도 있어요.

이 속담은 부자가 쓰러지면 많은 사람이 큰일 났다며 안타까워하고 빨리 낫기를 바라지만, 가난한 사람한테는 관심 갖는 사람이 적다는 뜻이지요.

위대한의 눈물

대한일보
2009년 00월 00일

창조그룹 ○○기술 개발
세계로 나아가다

▲ 세계 경제인 대표 회의
"○○ ○○ 기업 총수들과의 만남"

> " 기술개발의 성공은
> 열정과 소신의 결과 "

파격적 인재채용으로 운영

2009년 기업인상에 선정

위대함을 말한다 ▶ 2면에 계속

숫자로 보는 한국

⊗ 창조와 함께할 인재를 찾습니다

고상한은 위대한과 성실한의 얼굴을 차마 볼 수 없어 고개를 떨구었다. 자신의 가장 부끄러운 모습을 들킨 것처럼 얼굴이 화끈거렸다.

"다른 사람이 찾은 화석을 내가 찾았다고 했습니다. 그 사람은 죽고 없었거든요."

고상한은 조수가 남긴 카메라의 사진에서 공룡 화석을 찾았던 것이다. 그때 한반도 공룡 화석의 발견은 엄청난 것이었고 온 세계를 떠들썩하게 한 뉴스였다.

성실한은 고상한의 상처받은 마음을 감싸 주고 싶었다.

"사람은 누구나 실수할 수 있어요. 털어서 먼지 안 나는 사람 없다잖아요. 저도 예전에는 잘못을 많이 했어요."

"하지만 사람을 죽이지는 않았잖아요."

"네에?"

성실한은 너무 놀라 한 발자국 뒤로 물러섰다. 사람을 죽인 사람과 같이 있다는 것이 너무 두려웠다. 성실한은 마음을 안정시키려고 고상한 쪽을 피해 방석을 들췄다.

고상한은 종이에 쓰인 글자를 본 순간 동굴 한옥의 주인이 자신을 빗대어 표현하고 있다는 것을 알았다. 그는 머리카락을 뒤로 넘기며 마음속으로 괴로워했다.

" '배신'이라는 말은 바로 나 같은 사람을 두고 하는 말입니다. 이름난 고고학자가 되고 싶은 욕심에 착한 사람을 위험에 빠트리고 끝내 죽게 했습니다. 동굴 한옥의 주인이 어떻게 그 일을 알았는지 모르지만 이렇게 밝히게 해 줘서 오히려 고맙군요. 부끄럽고 두려우면서도 마음이 후련해요."

고상한은 조수가 사고난 일을 담담하게 말한 뒤 속담을 말했다.

" 믿는 도끼에 발등 찍힌다."

문이 열렸다. 성실한은 새로운 방으로 들어서며 위대한의 모습이 이상하다는 것을 눈치챘다. 이제껏 문이 열릴 때마다 좋아서 어쩔 줄 모르더니 지금은 그런 모습은 없고 무언가 심각하게 생각하고 있었다.

"무슨 일 있으세요?"

"아, 아닙니다."

성실한의 물음에 당황해하는 것도 이상했다. 성실한은 위대한도 비밀스러운 과거가 있지 않을까 추측해 보았다.

성실한이 새로운 방의 방석을 들추는 사이 위대한이 조심스레 고상한한테 물었다.

"그 청년을 처음 보았을 때 가지고 있던 물건이나 인상 깊었던 것이 없었나요?"

"오래전이라 기억은 잘 안 나지만 반지를 끼고 있었어요. 반지 안쪽에 '아들한테'라고 쓰여 있었고 청년이 언제나 소중하게 여겼지요."

"'아들한테'라고요?"

위대한은 8년 전 바다에서 있었던 일을 떠올렸다. 언제나 착하기만 했던 청년의 얼굴과 '아버지'라고 부르던 목소리까지 생생했다.

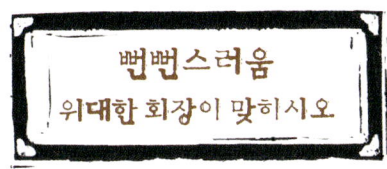

종이에 적힌 단어를 보면서 위대한은 머리를 흔들었다. 동굴 한옥의 주인이 자기한테 뻔뻔스럽다고 비웃는 것만 같았다.

"아니, 왜 그러세요?"

성실한은 얼굴이 새파랗게 질려 있는 위대한이 걱정되었다. 그는 머리를 도리질하며 간신히 대꾸했다.

"아, 아무것도 아닙니다. 십 분 지나기 전에 속담부터 맞혀야죠."

"혼자 하셔야 합니다. 도와드리고 싶지만 아까처럼 방이 흔들릴지도 모르잖아요."

"벼룩도 낯짝이 있다."

위대한은 너무 쉽고 담담하게 입을 열었다. 문이 열렸고 성실한과 고상한은 서로 마주보았다. 위대한이 이렇게 쉽게 맞히리라고는 전혀 생각하지 못했다.

위대한은 다음 방에 가서도 조용히 무엇인가를 생각했다. 고상한은 새로운 방의 방석을 들추면서 말을 걸었다.

"위대한 회장님답지 않게 왜 그러십니까?"

"아무래도 계곡에서 죽었다는 당신의 조수가 바다에서 죽은 내 양아들 같아서 그럽니다. 8년 전도 그렇고, 반지에 '아들한테'라고 써 있었다면 틀림없는 것 같습니다."

"네? 바다에서 양아들이 죽었다니요. 또 그 양아들이 내 조수라니 그게 무슨 말입니까?"

위대한은 한숨을 내쉬며 가슴 속에 고이 접어 놓은 이야기를 꺼냈다.

십 년 전 위대한은 작은 회사의 사장이었다. 사업이 잘 안 되어 언제나 은행 빚에 시달렸다. 그러던 어느 날 새벽 일찍 공장에 나가 보니 전날 고장난 기계가 언제 고장났냐는 듯 잘만 돌아갔다.

신기해하며 발걸음을 옮기던 위대한은 공장 한쪽 구석에서 잠을 자고 있는 한 청년을 발견했다.

"뭐 하는 놈이냐. 썩 나가지 못해?"

잠에서 깬 청년은 다짜고짜 위대한의 바짓가랑이를 움켜 잡았다.

"여기 사장님이시죠? 전 갈 곳이 없습니다. 일 좀 시켜 주세요."

"일이라? 그렇다면 혹시 네가 이 기계를 고친 거냐?"

청년은 그렇다고 했고 위대한은 곧바로 그 청년을 공장 기술자로 일하게 했다. 청년은 나선호라고 했다. 나선호는 손기술이 타고나서 공장의 작은 기계들을 다룰 때 없어서는 안 될 사람이 되었다. 명랑하고 싹싹했지만 이상하게도 식구 이야기는 전혀 안 했다.

위대한은 나선호를 저절로 굴러 들어온 호박이라고 생각했다. 그가 온 뒤 기계를 잘 다룬다는 소문이 나서 공장에 주문이 밀려들었다. 위대한은 나선호한테 늘 적은 돈만 주고 일을 몇 배나 시켰다. 그래도 나선호는 불만이 없었다.

위대한은 다른 회사에서 더 많은 돈을 주겠다고 하며 선호를 데려갈까 봐 걱정이 되었고, 그래서 그를 언제나 옆에 둘 마음에 아들로 삼았다. 위대한은 똑같은 반지 한 쌍을 맞춘 뒤, 하나에는 '사랑하는 아버지한테' 다른 하나에는 '아들한테'라는 글자를 새겨 넣었다.

그때 성실한이 위대한의 이야기를 막았다.

"죄송해요. 하지만 십 분이 거의 다 됐어요. 이 방의 속담부터 맞힌 뒤에 다시 들었으면 좋겠어요."

위대한은 그제서야 정신이 번쩍 들었다. 자기의 이야기를 하느라 제한 시간 안에 맞혀야 한다는 것을 깜빡했다.

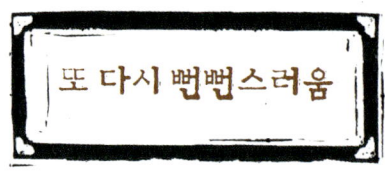
또 다시 뻔뻔스러움

"이게 뭐야! 아까와 똑같은 주제잖아. 동굴 한옥 주인이 '뻔뻔스러움'에 맺힌 게 아주 많은 모양인데요."

고상한은 말을 마치며 손목시계를 바라보았다. 제한 시간까지는 이제 삼 분 남았다.

"얼른 맞히세요. 불난 데 부채질한다?"

"고 박사님, 그건 잘못된 일을 더 잘못되라고 부추기는 거예요. 못 먹는 감 찔러나 본다는 아닐까요?"

"성실한 여사, 그건 어차피 갖지 못하거나 하지 못할 일을 훼방논다는 뜻입니다. 잘 생각해 보자고요."

세 사람은 정답을 맞히려고 온갖 속담을 머릿속에 떠올렸다. 위대한은 자기가 큰 도움이 못 되는 게 무척 미안하기도 하고 갑갑하기도 했다.

"50초 남았어요. 45초, 40초……."

초를 세는 고상한은 너무 긴장되어 입안이 바싹 마를 지경이었다. 이 속담을 못 맞히면 또다시 방이 뱅그르르 돌 것이고 처음부터 다시 속담을 맞혀야 하기 때문이다.

"아! **물에 빠진 놈 건져 놓으니까 봇짐 내라 한다!**"

드르륵 하고 문이 열렸다. 시간을 겨우 20초 남겨 놓고 속담을 맞힌 사람은 성실한이었다.

"휴! 성실한 여사가 우리의 희망이군요. 난 내 이야기 때문에 처음부터 다시 미로를 빠져나가야 하는 줄 알고 조마조마했습니다. 고맙습니다."

위대한은 진심으로 고마워하며 성실한한테 고개를 숙였다.

"앞으로 통과해야 할 방이 더 많아요. 고맙다는 말은 그 때까지 아껴두시죠. 그나저나 전 위대한 회장님의 이야기를 더 듣고 싶어요. 그 선호라는 청년은 어떻게 됐죠?"

위대한은 숨을 크게 들이마신 뒤 어렵게 이야기를 꺼냈다.

"바다에 빠졌습니다. 순전히 내 실수로!"

위대한은 두 손을 내려다보며 몸을 부르르 떨었다. 고상한과 성실한은 둥그레진 눈으로 그를 바라보았다.

"돈에 눈이 어두워서 그랬습니다. 선호는 그 무렵 우리나라 컴퓨터 산업을 크게 발전시킬 수 있는 부품을 개발하고 있었지요. 저는 그게 탐이 나 견딜 수가 없었고요. 부품 설계도를 내놓으라고 하니까 선호는 자꾸 저를 의심했어요. 무슨 눈치를 챘는지 다른 회사에서 선호를 찾아오는 일이 많아졌어요. 전 선호가 다른 회사로 가고 컴퓨터 부품 설계도도 다른 회사로 빼앗길까 봐 겁이 났습니다. 그건 어마어마한 금덩어리나 다름없었으니까요."

성실한은 위대한을 두려운 눈으로 바라보았다. 고상한과 위대한 모두 위험하고 나쁜 사람으로 보여 무섭기만 했다. 위대한은 계속 이야기를 이었다.

"나는 선호를 뺏길 수 없었어요. 그 설계도만 있으면 큰돈을 벌어 회사를 크게 키울 수 있었으니까요. 그래서 바다 낚시를 가자고 꾀어 냈어요. 잘 구슬려서 설계도를 받아내려고 말이지요. 그런데……."

"그런데?"

고상한과 성실한은 숨을 죽인 채 위대한의 다음 말을 기다렸다.

"서서 낚시를 하고 있자니 허리가 아프더군요. 난 배 바닥에 의자를 깔고 앉아서 낚시를 하려고 엎드렸습니다. 그때 엉덩이에 뭔가가 탁 걸리더군요. 돌아보니 그게 바로 선호였어요. 배 끄트머리에 서 있다가 내 엉덩이에 부딪힌 바람에 빠지고 만 거지요."

"아니 엉덩이에 부딪혀서 바다에 빠졌다고요?"

고상한은 하도 어이가 없어서 피식 웃음이 나왔다. 성실한은 그런 고상한을 쏘아보며 입을 열었다.

"바로 구했어야죠."

"그게 까마귀 날자 배 떨어진다고, 구할 사이도 없이 물살에 휩쓸려 가 버리더군요. 경찰에 신고를 해서 둘레 바닷가를 샅샅이 뒤졌지만 찾을 수가 없었어요. 경찰한테는 선호가 스스로 물에 뛰어들었다고 거짓말을 했어요. 사실대로 말하기가 두려워서요. 고상한 박사가 구했다는 조수의 반지에 '아들한테'라고 써 있었다고 하니 선호가 틀림없어요."

"선호가 개발한 컴퓨터 부품 설계도로 회장님은 가만히 앉아 많은 돈을 벌었겠군요."

위대한은 성실한의 말에 고개를 못 들었다. 한동안 모두 아무 말이 없었다.

유럽의 속담 2

세상을 살아가는 지혜에 얽힌 속담

아무리 소를 때려봤자 우유를 얻지 못한다

유럽 속담에는 이런 말이 있어요. 우유를 얻으려면 풀을 먹이고 소가 적당히 클 때까지 정성껏 돌봐야 하지요. 정성스럽게 키워 시간이 지났을 때 비로소 맛있는 우유를 얻을 수 있다는 뜻이지요. 이 속담은 모든 일에는 순서가 있음을 이야기해요. 바쁘다고 시간이 없다고 서두르다가 정말 얻고자 하는 것을 놓치는 실수를 많이 하거든요.

시간의 소중함을 모르고 함부로 쓰는 사람들을 깨우쳐 주는 속담도 있어요.

- 청춘과 잃은 시간은 영원히 되돌아오지 않는다.
- 한가함은 악마의 휴게 의자다.
- 나이 들어 따뜻하게 지내고 싶으면 젊을 때에 난로를 만들어 놓아야 한다.

이 가운데 **한가함은 악마의 휴게 의자다** 라는 속담이 참 재미있어요. 잠을 자거나 텔레비전을 보며 한가하게 지내는 시간은 즐겁고 편하잖아요. 그것에 익숙해지면 시간이 덧없이 흘러가 버려 나중에 큰 후회를 한다는 뜻이지요. 후회는 어떤 일을 하다가 실수했을 때 많이 하지요. 실수한 다음에 후회하는 것보다 실수를 줄이는 게 더 현명하답니다.

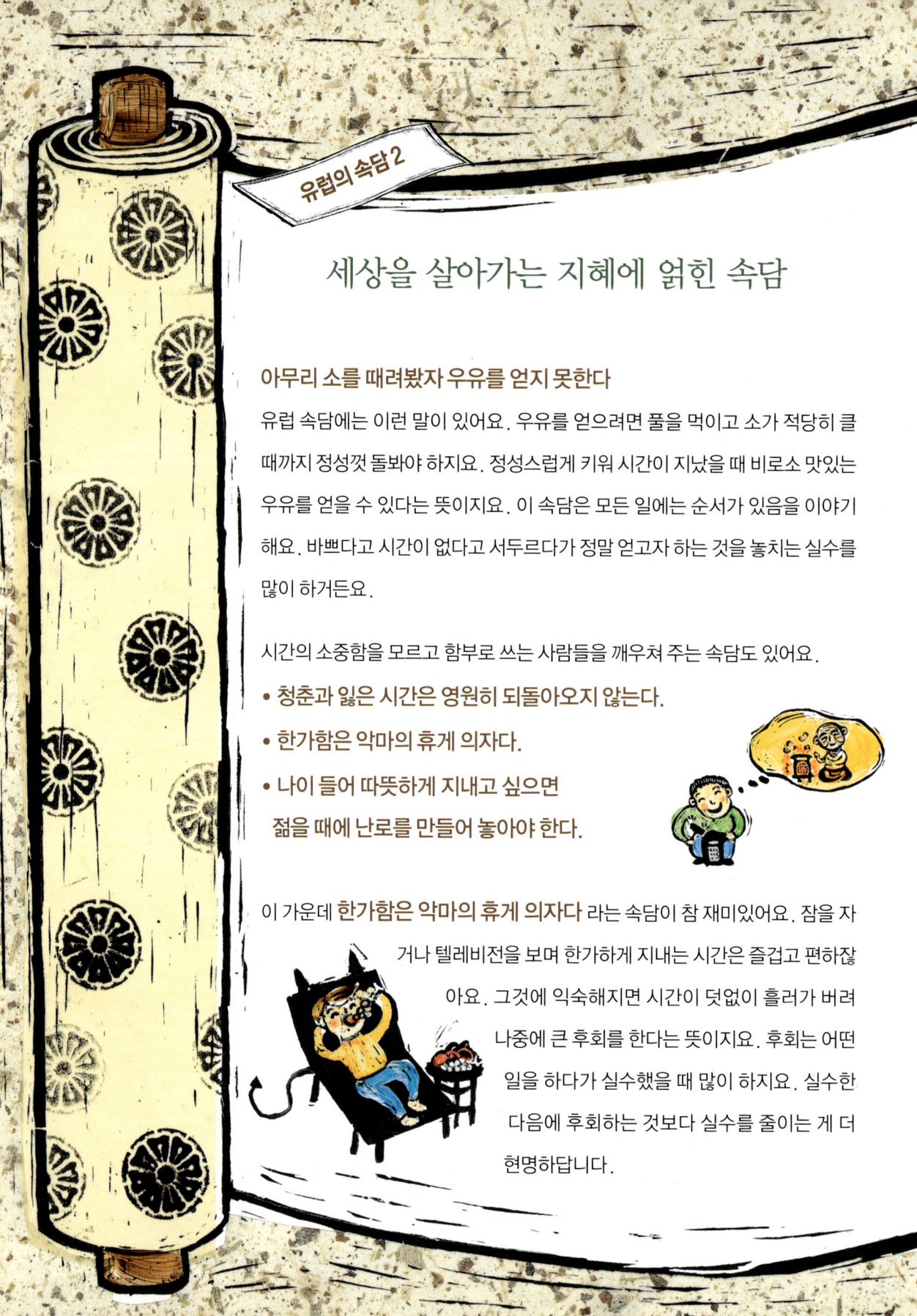

- 귀담아 듣는 것은 지혜를 가져다주고 지껄이는 것은 후회를 가져다준다.
- 한 번 실수하는 것보다 두 번 묻는 것이 낫다.

이런 속담을 읽으면 읽을수록 우리가 꼭 알아야 할 지혜를 알려줘요. 흥미로운 사실은 '실수'를 줄이자는 속담들이 모두 '말'과 관련이 있다는 거예요. 묻고 말하고 듣는 일을 신중하게 해야만 '실수'를 줄일 수 있다는 뜻이에요.

말이 중요하다는 뜻을 담고 있는 속담은 유럽에도 있어요.

부드러운 말 한마디가 냉수 한 모금보다 사람의 마음을 진정시킨다

이 속담은 우리나라 속담과 많이 비슷하지요?
맞아요, '말 한 마디로 천냥 빚 갚는다.'와 비슷해요.
서양이나 우리나라나 생활 속에서 '말'을 매우 중요하게 여기고 있음을 알 수 있어요. 말 한 마디를 하더라도 생각을 넓히고 지혜를 얻어서 깊이 생각한 다음에 해야 한답니다.

"흠흠."

고상한은 일부러 헛기침을 하며 조용한 분위기를 깨려고 애썼다. 그러고는 서둘러 방석을 들어올렸다. 시간은 3분쯤 남아 있었다.

고상한은 힌트로 주어진 낱말을 보며 속담을 생각했다. 속담이 쉽게 안 떠올랐다. 갑자기 성실한이 울음을 터트렸다.

"흑흑! 어떻게 속담 맞히기를 할 수 있죠? 당신들은 살인자예요. 자기 욕심만을 생각하다가 그 청년을 죽였어요. 그 청년이 너무 불쌍해요."

고상한은 자신의 행동이 부끄러우면서도 한편으로는 화가 치밀어 올랐다.

"저도 잘못을 뉘우치고 있습니다. 하지만 지금은 이럴 때가 아니죠. 다 지나간 일인걸요. 얼른 이 지긋지긋한 미로를 탈출해야 할 거 아닙니까? 시간을 놓치면 다시 미로가 엉키잖아요!"

성실한은 살 궁리만 하는 고상한의 태도가 너무 기가 막혔다. 위대한도 자신의 손목시계를 들여다보며 다급하게 외쳤다.

"이럴수가! 시간이 2분도 채 안 남았어요. 창조그룹의 미래가 제 손에 달려 있습니다. 이 미로에서 이런 식으로 죽을 순 없어요!"

"……."

성실한은 아무 말도 안 하고 팔짱을 끼고 있었다.

"아무 거라도 말해 봐요. 이제껏 당신이 가장 잘 맞혔잖아!"

고상한의 외침에도 성실한은 꿈쩍도 안 했다.

기이이이이이이잉!

갑자기 방이 빙그르르 돌았다. 십 분이 지나면서 미로가 다시 엉킨 것이다. 위대한은 발로 방바닥을 쾅쾅 구르며 성실한을 위협했다.

"지금 뭐 하자는 겁니까? 처음부터 다시 해야 하잖아!"

"난 지금부터 가만히 있을 테니 두 분이 알아서 잘해 보세요."

성실한은 싸늘한 말투로 대꾸했다. 진심이었다. 멀쩡한 청년을 죽음으로 몰아넣고 성공한 두 사람한테 치가 떨릴 만큼 화가 났다.

"참 나, 기가 막혀서!"

고상한은 성실한을 흘겨보며 방석을 들춰 보았다.

주제는 아까와 같은 '핑계'였다. 위대한과 고상한이 한숨을 쉬었다. 조금 뒤 위대한이 큰 결심을 한 듯 말했다.

"여기서 무사히 나가기만 한다면 앞으로 성실한 씨가 운영하는 고아들의 교육비와 의료비는 모두 내가 책임지겠소. 거절한다면 당신이나 우리 모두 여기서 죽겠지."

성실한의 귀에는 아이들의 울음 소리가 들려오는 것 같았다. 선천성 심장판막증에 걸려 언제나 입술이 새파란 기엽이의 얼굴이 가장 먼저 눈앞에 어른거렸다.

'돈만 있으면 기엽이를 살릴 수 있어. 게다가 다른 아이들까지……'

성실한은 마음이 심하게 흔들렸다.

'안 돼. 더러운 돈이잖아. 하지만 기엽이를 그대로 놔두면……'

몇 분이 흘렀을까? 입을 꼭 다물고 있던 성실한이 느릿느릿 말을 이어 나갔다.

"심장 수술도…… 해 줄 수 있나요?"

"심장 수술? 그러고 보니 기엽이라는 아이가 심장병이라고 했죠? 얼마든지 해 주지요. 약속하겠소."

"약속한 겁니다."

"물론."

성실한은 두 눈을 질끈 감고 머리에 떠오른 속담을 말했다.

"핑계 없는 무덤 없다!"

드르륵!

문이 열리자 고상한과 위대한이 환호성을 올렸다.

"바로 이거야! 무슨 일이든지 핑계는 다 있게 마련이지."

"됐어! 다시 시작하는 거야."

성실한은 새로운 방으로 안 들어가고 그 자리에 가만히 서 있었다. 미로를 빠져나가려고 두 사람과 같이 다녀야 한다는 게 두렵기만 했다. 머리가 지끈거리고 식은 땀까지 흘러내렸다.

'내가 이러면 안 되지. 아이들을 생각해서라도 정신차려야 해.'

그때 낯익은 목소리가 울려 퍼졌다.

성실한 여사님은 그 방에 그대로 계십시오. 두고 보니, 진짜 실력자는 성실한 여사님이셨군요. 두 사람과 여사님을 다른 방에 두고 미로 찾기를 진행하겠습니다.

"뭐야! 그런 법이 어딨어? 천하의 나쁜 놈 같으니라고!"

다섯 문제를 맞히고 나면 성실한 여사님과 만나실 수 있습니다. 그럼, 행운을 빕니다. 10분 안에 첫 번째 문제를 맞히셔야 합니다.

"뭐 저런 놈이 다 있지?"

위대한이 씩씩대며 허공에 소리를 고래고래 지르는 동안 고상한은 방석을 들춰보았다.

"이게 무슨 말이지? 허물이 있다고?"

고상한이 혼잣말로 중얼거렸다. 여태껏 소리치던 위대한이 종이를 보며 힘껏 외쳤다.

"털어서 먼지 안 나는 사람 없다!"

숨소리를 죽여 가며 기다렸지만 문은 안 열렸다. 위대한은 그나마 알고 있던 속담이 틀리자 크게 당황했다.

"꼭 맞을 줄 알았는데……."

"그건 누구한테나 작은 잘못 하나쯤은 있다는 뜻이잖아요. 모르면 잠자코나 있을 것이지……."

고상한의 비웃는 말투에 위대한의 얼굴이 벌겋게 달아올랐다.

"그러면 잘난 박사님께서 맞혀 보시지."

고상한도 마땅한 속담을 못 찾고 이 궁리 저 궁리를 하며 시계를 보았다. 벌써 2분이 지나 버렸다.

그 시간 성실한은 옆 방이 열려 있는 것을 보았다. 간밤에 잤던 방처럼 그 방도 노란 장미꽃으로 꾸며져 있었다. 게다가 놀랍게도 따끈한 국과 밥, 김치와 나물 몇 가지가 상 위에 정갈하게 차려져 있었다. 성실한은 그제야 아침밥을 못 먹었다는 걸 깨달았다.

어젯밤의 맛이 없었던 음식과 달리 그 음식은 제대로 간이 맞춰져 있었다. 그러나 입 안이 모래를 물고 있는 것처럼 껄끄러워 음식을 먹을 수가 없었다. 성실한은 몇 숟가락 못 뜨고 둘레를 살펴보았다. 어딘가에 감시 카메라가 있고 그것을 통해 동굴 한옥의 주인이 보고 있는 것만 같았다. 성실한은 어딘가 있을 동굴 한옥 주인한테 말을 했다.

"지금 나를 보고 있죠? 동물원의 동물 구경하듯이 이렇게 하니까 기분이 좋은가요? 말해 봐요. 내가 노란 장미를 좋아한다는 건 어떻게 알았죠? 기자들한테도 말한 적이 없는데요."

밥을 별로 안 드셨군요.
좀 더 드십시오.

이상했다. 동굴 한옥의 주인은 성실한의 건강을 걱정하고 있었다. 그러고 보니 밥상까지 차려준 것을 보면 확실히 성실한한테 좋은 생각을 갖고 있는 것이 틀림없었다. 성실한은 용기를 얻어 동굴 한옥 주인과 이야기를 하기로 했다.

"몸이 안 좋아요. 너무 긴장하고 무서워서 그런 것 같아요. 여기서 내보내 주세요."

그건 제 맘대로 할 수 없습니다.

"왜요? 이 집은 당신 거잖아요."

게임을 하다가 마음이 약해질까 봐, 속담을 맞혀야만 미로를 빠져나갈 수 있게 장치해 놓았습니다.

성실한은 이상한 점을 발견했다. 동굴 한옥 주인은 분명히 '게임을 하다가 마음이 약해질까 봐.'라고 하지 않았던가. 성실한은 이 점을 놓치지 않고 캐물었다.

"왜 마음을 걱정하죠? 당신은 이 게임을 즐기고 있잖아요."

즐기다니? 나도 힘들다는 걸 모르시는군. 그러고 보니, 성실한 여사는 아이들 돌보는 걸 그냥 즐기는 게 아닌가요? 정말로 아끼고 사랑해서가 아니라 남들한테 보이려고 쇼를 하지 않나 이 말이지요.

"그런 식으로 비꼬지 말아요. 그건 아이들을 모욕하는 일이에요."

성실한은 가슴 속 깊이 분노를 느꼈다. 자신의 사랑을 '남들한테 보이고 싶어 하는 쇼'라고 말하다니 참기 어려웠던 것이다.

"그런 말 하려면 없어져요. 난 혼자 있고 싶으니까!"

성실한은 방 안에 있는 노란 장미꽃을 꼭 쥔 채 구석에 쭈그리고 앉았다. 처음부터 노란 장미꽃을 좋아한 것은 아니었다. 성실한의 네 살 된 아들이 노란 장미꽃을 내밀며 '선물'이라고 주던 날부터 그 꽃은 더없이 소중한 것이 되었다.

성실한이 아들을 처음 본 것은 다른 엄마들처럼 '아이를 낳은 날'이

아니다. 삼십 년 전 어느 날, 날씨가 꽤 쌀쌀해진 초가을 아침이었다. 성실한은 아기 우는 소리에 대문밖에 나가 보았다.

놀랍게도 대문 앞에는 천으로 쌓여 있는 꾸러미 안에 갓난 아기가 울고 있었다. 성실한은 얼른 꾸러미를 끌어안고 집 안으로 들어왔다.

사람들은 아기를 고아원에 보내라고 했지만 성실한은 버려진 갓난 아기가 너무 가여워 그럴 수가 없었다. 성실한도 고아로 자랐기 때문에 앞으로 아기가 어떤 서러움과 슬픔을 겪을지 짐작이 갔기 때문이다.

그 아기의 엄마가 되기로 결심한 성실한은 아기 이름을 '나극복'이라고 지었다. 어떤 역경과 힘든 일이 있어도 스스로 이겨 내라는 뜻으로 말이다.

극복이는 성실한을 친 엄마로 알고 무럭무럭 잘 자랐다. 적어도 열일곱 살이 되기 전까지는 말이다. 고등학생이 된 극복이는 학교에서도 우등생이었고 둘레에서도 칭찬이 자자한 모범생이었다. 그러던 어느 날, 성실한이 다른 때와 마찬가지로 밥상을 차려 놓고 극복이를 기다리고 있는데 전화가 걸려 왔다. 마음 속 이야기를 나누는 오랜 친구였다.

"그동안 잘 지냈지?"

친구는 언제나 성실한이 혼인도 안 하고 혼자서 아이를 키우고 있어서 안타까워하고 있었다. 성실한은 그런 친구의 마음을 잘 알고 있었다.

"물론 힘들지. 애 키우는 게 어디 쉬운 일인가? 하지만 친아들이 아니라고 생각해 본 적 없어. 얼마나 착한데. 시간이 참 빠르네. 문 앞에서 울던 날

이 엊그제 같은데 지금은 얼마나 컸는지 몰라."

우당탕!

성실한은 누군가 급하게 현관 밖으로 뛰어나가는 소리를 듣고 전화기를 내려놓았다.

"누가 왔나 봐. 나중에 통화해."

닫히다 만 현관에는 극복이의 책가방과 신발주머니가 놓여 있었다. 성실한은 심장이 뛰는 소리가 자기 귀에 들릴 만큼 가슴이 떨렸다. 극복이가 조금 전 이야기를 다 들었을까 생각하니 막막했다.

성실한은 곧바로 뛰어나가 미친 듯이 아들을 불렀다. 하지만 아들은 뒤도 안 돌아보고 뛰어갔다. 얼마나 큰 충격을 받았을까? 그날 밤 뜬 눈

으로 지새운 성실한은 경찰서에 가서 아들을 찾아달라고 신고했다. 그러나 일주일이 지나고 한 달이 지나도 아들을 찾을 길이 없었다.

몇 달 동안 성실한은 제대로 자지도 먹지도 못하면서 극복이를 기다렸다.

'안 돌아올 건가 봐. 다 내 잘못이지. 극복이가 듣고 있는지도 모르고 힘들다느니, 대문 앞에 버려졌다느니, 그런 말을 했으니……'

후회를 하며 시간을 보내던 성실한이 다시 웃음을 찾은 건 부모 없는 아이들을 집으로 데려와 키운 뒤부터였다. 하나 둘 데려다 키우던 것이 어느새 열이 되었고, 이것이 소문이 나서 아예 고아원까지 차렸던 것이다.

사람들은 성실한을 '고아들의 어머니'라며 칭찬했지만 그녀의 마음속에는 언제나 아들한테 미안한 마음이 자리 잡고 있었다. 한 시도 아들을 잊을 수 없었다.

동굴 한옥 주인은 성실한이 아들을 생각하고 있는 그 잠깐 동안도 비꼬는 일을 안 멈췄다.

> 잡지에 사진이 나니까 여기저기에서 알아보는 사람도 생기고, 참 좋지요? 돈을 주겠다는 사람도 있을 테고 말입니다.

"돈이라니! 그런 거 바라고 키운 적 없어요. 인터뷰는 신문 기자들이

맘대로 찾아와서 한 거예요. 내가 바란 게 아니라고요. 난 지금도 내 아이들이 너무 걱정돼요."

성실한은 고아원 아이들 걱정에 목이 메었다. 목소리 주인은 이 사실을 아는지 모르는지 더욱 속을 후벼 파는 이야기만 했다.

그런 사람이 '고아원과 후원금'이라는 편지를 보고, 아이들을 놔둔 채 이곳으로 왔단 말인가? 돈 욕심이 많으시군요.

성실한의 눈에서 눈물이 주르륵 흘러내렸다.

"돈이 필요한 건 사실이에요. 아픈 아이도 있고, 피아노나 미술을 배우고 싶어 하는 아이들도 있어요. 먹고 싶은 걸 배불리 해 줄 수 없을 때 얼마나 속상한지 당신이 알아요?"

왜 그렇게 아이들을 키우느라고 고생하는 거지? 맘 고생, 몸 고생⋯⋯. 친자식도 아닌데 왜 그러는 거지?

성실한은 벌떡 일어나서 눈물 섞인 목소리로 소리쳤다.

"그 아이들은 부모한테 버림받았어요. 하지만 나한테는 둘도 없는 소중한 아이들이지요. 내 목숨과 같아요. 이런 식으로 사람을 가둬 놓고 장난이나 치는 못된 당신 같은 사람이 어떻게 내 마음을 알겠어요. 엉엉엉!"

어린아이처럼 터져 나온 울음은 좀처럼 안 멈추었다. 지금까지 살아오면서 참아온 모든 서러움이 한꺼번에 터져 버린 것만 같았다. 그렇게 소리내어 울던 성실한이 바닥에 풀썩 주저앉았다.

중국 속담

우리나라 속담과 비슷한 속담

예부터 중국은 우리나라와 가까워 우리나라와 비슷한 속담이 많이 있어요. 더욱이 훈민정음을 쓰기 전까지 한자를 두루 썼기 때문에 한자로 적힌 속담이 그대로 우리나라에 전해져 왔지요.

중국 속담은 워낙 많이 써오다 보니 마치 우리나라 속담처럼 느낀답니다.

귀에 걸면 귀걸이, 코에 걸면 코걸이라는 속담도 중국 속담이에요. 상황에 따라 말이나 행동을 쉽게 바꾸어 버리는 것을 말하지요.

'세월이 유수 같다.'는 말도 '세월이 흐르는 물처럼 순식간에 지나간다. 그러니 소중하게 여겨라.'는 뜻으로 많이 쓰고 있어요.

중국과 우리나라의 비슷한 속담을 알아볼까요?

중국: **목마르기 전에 우물을 파두어라.**
우리나라: **목마른 놈이 우물 판다.**

두 속담은 비슷하면서도 뜻이 조금 달라요. '목마르기 전에 우물을 파두어라.'는 급한 일이 생기기 전에 미리 준비하라는 뜻이에요. 하지만 '목마른 놈이 우물 판다.'는 간절하게 바라는 사람이 그 일을 할 수밖에 없다는 뜻이지요.

또 다른 비슷한 속담을 살펴 볼까요?

중국: 시장기를 가시게 하면 모두 다 좋은 음식
우리나라: 시장이 반찬이다.

어때요? 판박이를 한 것처럼 비슷하지요? 이 속담들은 말뿐만 아니라 뜻까지도 비슷하답니다. 모두 '배가 고프면 어떤 음식이든 다 맛있다.'는 뜻이니까요.

말은 다르면서도 뜻은 같은 속담도 있어요.
'토끼를 다 잡으면 사냥개를 삶는다.' 는 중국의 속담과 '달면 삼키고 쓰면 뱉는다.' 는 우리나라 속담을 견주어 보세요.
모두 쓸 만큼 쓰고 나면 거리낌 없이 버리는 몰인정한 사람의 행동을 비꼬고 있어요.

"아, 더워라! 이 방이 자꾸 더워지네."

위대한은 아예 웃옷을 벗었다. 삼십 분이 지났지만 두 사람은 한 문제도 못 풀고 제자리 걸음이었다. 십 분이 지나 기회를 놓칠 때마다 방은 조금씩 더워졌다.

고상한은 온통 땀에 젖은 채 방바닥에 누워 헉헉 숨을 몰아쉬었다.

"똑똑한 척은 혼자 다 하더니…… 훗!"

위대한은 고상한을 향해 비웃음을 보였다. 다른 때 같으면 화를 냈겠지만 지금 고상한한테는 그럴 기운조차 안 남아 있었다.

"흥! 똥 묻은 개가 겨 묻은 개 나무란다더니……."

그때였다. 누군가 마술을 부린 것처럼 방문이 열리는 것이 아닌가! 시원한 바람이 방 안으로 몰려 들어왔다. 고상한과 위대한은 엉금엉금 기다시피 해서 다음 방으로 옮겨 갔다.

"이런 일이 있나! '자신의 허물'이 바로 '겨 묻은 개가 똥 묻은 개 나무란다.'였어! 내가 그동안 박사를 우습게 본 걸 사과하겠소. 당신 덕에 살았소."

위대한은 숨을 헉헉 몰아쉬며 사과를 했다. 고상한은 그 말을 들은 체 만 체 하고 생각에 잠겨 있었다. 위대한은 분통이 터져 고상한의 어깨를 획 잡 아챘다.

"뭐요? 사과를 하면 받아줄 줄 알아야지!"

"지금 중요한 건 사과 따위가 아니지요! 동굴 한옥의 주인은 우리를 조 롱하고 있어요. 뭔가 알고 있는 게 틀림없어요."

"조롱이라니?"

"이번 속담이 뜻하는 게 뭔 줄 알아요? '똥 묻은 개'는 당신이고 '겨 묻은 개'는 나를 뜻하는 거요."

위대한이 눈을 부릅뜨며 따지고 들었다.

"왜 '똥 묻은 개'가 나지? 당신은 선호를 위험한 계곡 속에 억지로 내려 보냈지만 난 순전히 실수로 그 아이를 바다에 빠뜨린 거라고! '똥 묻은 개'는 바로 당신이야!"

"그게 무슨 상관입니까? 동굴 한옥 주인은 우리가 한 일을 다 알고 있어 요. 우리를 벌주고 있는 겁니다. 마치 자기가 신인 것처럼!"

"그게 사실이라면 우린 여기에서 죽을지도 모르지 않소! 빨리 여기서 나 갑시다."

위대한은 겁에 질린 얼굴로 방석을 들춰 보았다. 이제껏 종이가 있었 던 것과는 달리, 우둘두둘 모가 난 작은 돌 하나가 놓여 있었다. 위대한은 조심스레 돌을 들어 올렸다.

"이게…… 무슨 뜻일까요?"

"아직도 모르겠습니까? 놈이 우리를 '돌'로 보고 있는 겁니다."

고상한은 자존심이 상해 어쩔 줄 몰랐다. 위대한은 작은 돌을 요리조리 돌려보며 어떻게든 속담을 맞히려고 했다.

"돌이라면 내가 아는 속담이 있지.

구르는 돌에는 이끼가 끼지 않는다!"

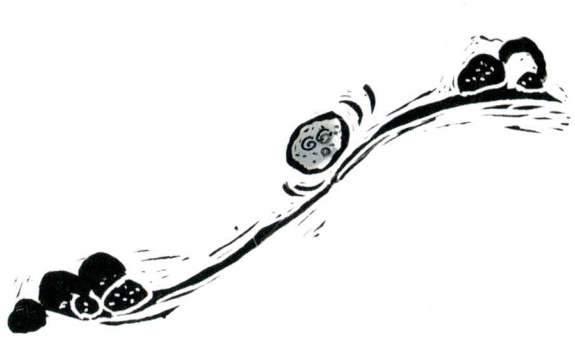

문은 꼼짝도 안 했다. 고상한이 위대한한테서 돌을 빼앗아 들며 말했다.

"이렇게 우둘투둘한 돌이 잘 구를 수 있겠습니까? 그 속담은 늘 부지런히 노력하는 사람한테는 나쁜 일이 잘 안 생긴다는 뜻입니다. 잘 보세요. 이 돌은 모가 나 있습니다. 말끔하게 다듬을 필요가 있지요."

돌을 관찰하던 고상한이 느닷없이 돌을 집어 던졌다.

"여기 보세요, 벽에 부딪혀서 살짝, 아주 살짝 다듬어졌지 않습니까?"

"그럼, 망치나 뭐 그런 걸로 다듬어 줘야 한단 말인가요?"

"딩동댕! 틀림없이 맞을 겁니다. 모난 돌이 정 맞는다!"

스르륵, 문이 열렸다. 고상한은 속담을 맞혔다는 생각에 목에 힘까지 주고 다음 방으로 들어갔다. 다음 방에 들어서자 위대한은 방석에서 종이를 꺼내 고상한한테 공손하게 내밀었다.

"아니! 이게 뭐야? 성실한 여사까지 문제에 나오네. 이 집 주인이 유머가 넘치는구먼. 아무튼 성실한 여사한테 어울릴 만한 속담을 생각해 봅시다. **귀한 자식 매 한 대 더 때리고, 미운 자식 떡 하나 더 준다**는 속담은 어떨까요?"

방문은 전혀 움직일 기미가 안 보였다.

"아, 이번엔 그럴듯했는데. 성실한 씨는 아이들이 잘못했을 때 대충 안 넘어가고 더 엄하게 가르칠 거라고 생각했거든요."

고상한은 안타까운 마음에 혀를 끌끌 찼다. 위대한도 열심히 머리를 써 가며 속담을 맞히려고 애썼다. 슬슬 배가 고파오고, 못 나갈지도 모른다는 불안감이 들었던 것이다.

"고상한 박사, 성실한 여사처럼 아이들을 많이 돌보려면 참을성이 많아야겠죠?"

"그럴 겁니다. 애 하나만 키워도 엄마들이 '속 터진다'고 하는데 하물며 그렇게 많은 아이들을……."

"바로 그겁니다. **참을 인(忍)자 세 개면 살인도 면한다!**"

"으이그! 성실한 여자한테 어울리는 속담이 겨우 그거란 말입니까? 그

분이 어제 그 이상한 음식들을 꼭꼭 씹어 먹는 걸 봤잖아요. 성실한 여사는 이미 참는 일엔 익숙한 사람입니다."

위대한은 고상한이 무시해도 기죽지 않았다. 어떻게든 속담을 맞히려고 다시 말을 이어 나갔다.

"성실한 여사가 없으니까 왠지 허전하지 않은가요? 혹시 이런 걸 나타내는 속담도 있나요?"

이번에는 고상한의 얼굴에 반가운 빛이 감돌았다.

"맞아! 바로 그거야! 오, 회장님. 제법이신데요? 드는 자리는 몰라도 나는 자리는 안다!"

문이 열리자 두 사람은 기쁨의 환호성을 질렀다. 그러나 다음 순간, 두 사람은 다음 방으로 차마 들어가지 못한 채 굳은 듯 설 수밖에 없었다.

"헉!"

"아니?"

새로 열린 그 방에 성실한이 있었던 것이다. 무척 아픈 듯 이불 위에 누워 있는 모습이 애처롭기까지 했다. 위대한과 고상한을 놀라게 한 건 성실한 옆에 앉아 있는 남자였다. 그 사람은 다름 아닌 나선호였다. 위대한의 양아들이었다가 고상한의 조수가 되어 죽었던 바로 그 사람!

"어서들 오십시오. 만날 생각은 아니었지만 결국 이렇게 됐군요."

나선호는 무덤덤하게 말했다. 이미 모든 일을 예상하고 있었던 것처럼. 먼저 말문을 연 사람은 고상한이었다.

"죽은 줄 알았는데 어떻게……. 혹시, 자네가 동굴 한옥의 주인?"

"맞습니다."

위대한과 고상한은 큰 충격에 휩싸였다. 죽은 줄 알았던 사람이 복수를 하겠다는 생각으로 이 집을 짓고 기다리고 있었던 것이다.

고상한은 온몸에 소름이 돋으며 머리카락이 쭈뼛 솟는 것 같았다. 어떻게든 나선호의 마음을 돌려놓아야겠다는 생각에 자기도 모르게 무릎을 꿇고 머리를 조아렸다.

"용서하게. 기억상실증에 걸렸던 자네를 살린 게 바로 나 아닌가?"

"난 기억상실증이었던 적이 없습니다. 옛일을 모두 잊고 싶어서 그런 척했던 것뿐이지요. 당신은 제가 골짜기에서 떨어졌는데도 찾을 생각조차 안 하시더군요."

"도대체 어떻게 살아난 거지?"

"곧바로 떨어졌다면 내 몸은 산산조각이 났을 겁니다. 다행히 떨어지면서 나무 뿌리에 옷자락이 걸렸고 기절한 나를 산골짜기에서 살던 산지기가 구해 주었지요. 난 당신이 경찰에 연락해서 날 구조하러 올 거라고 생각했지요. 하지만 산지기 집에 있는 일주일 동안 경찰은 구경도 못했습니다. 당신은 내가 그대로 죽기를 바랐던 겁니까?"

고상한은 나선호의 손을 덥석 잡았다.

"내가 그럴 리가 있나? 그냥 겁이 나서 경찰에 알릴 수가 없었네."

"변명은 필요 없습니다. 제가 찍은 공룡 화석 사진으로 발굴에 성공했고 마침내 세계에 이름난 고고학자가 되지 않았습니까?"

"미안하네. 내가 욕심에 눈이 어두워서……."

나선호는 그 손을 뿌리친 뒤 위대한을 바라보았다. 위대한의 두 눈에서는 눈물이 쉴 새 없이 흘러내리고 있었다.

"아들아! 용서해 다오. 모든 게 실수였다. 내 실수였어!"

"아까 다 들었습니다. 절 바다에 일부러 민 게 아니었더군요."

"당연하지! 내가 널 얼마나 아꼈는데……. 난 고상한하고는 달랐다.

널 찾으려고 경찰에 연락하고 바다를 이 잡듯이 뒤졌어."

나선호는 한숨을 내쉬며 중얼거렸다.

"변명하느라 정신이 없으시군요. 당신은 날 아꼈던 것이 아니라 내가 가진 재주를 아꼈던 거였어!"

위대한은 강하게 도리질하며 나선호한테 다가갔다.

"아니다 선호야! 난 회사를 키워서 그 회사를 너한테 물려줄 생각도 했었다. 제발 내 마음을 알아다오."

나선호는 두 사람한테 더는 다가오지 말라는 뜻으로 손을 앞으로 내밀었다.

"조용히 해 주시죠. 성실한 여사가 지금 많이 아프십니다. 이분이 아프지만 않았다면 당신들과 다시 만날 일도 없었을 겁니다."

고상한은 어떻게 하면 나선호를 잘 설득해서 동굴 한옥을 빠져 나갈 수 있을까 생각했다. 고상한은 나선호의 눈치를 보며 조심스레 말을 건넸다.

"이봐, 조수! 아무래도 많이 아프신 거 같은데 이만 장난 끝내고 우릴 내보내 주게. 병원에 모시고 가야지."

"속담을 맞혀야만 나갈 수 있도록 장치가 돼 있습니다."

고상한은 주먹으로 자신의 가슴을 탕탕 치며 발을 동동 굴렀다.

"조수, 자네가 이런 이상한 미로를 만들어 놓고는 무슨 소리야?"

"사실입니다."

고상한은 덥석 나선호의 멱살을 그러쥐었다. 미안한 생각은 벌써 저편으로 잊혀진 지 오래였다. 이곳에 영원히 갇힐지도 모른다는 두려움으로 가슴이 터져 버릴 것만 같았다.

"옛날에 실수 좀 한 거 가지고 우리 셋을 죽게 하겠다는 거야, 뭐야? 이 봐요, 위대한 회장! 당신도 이놈한테 말 좀 해 봐요!"

고상한은 위대한을 돌아보며 도움을 청했다. 위대한은 이미 모든 것을 체념하고 있었다.

"난, 선호가 하자는 대로 따를 거요. 살면 같이 살고, 여기 있자 하면 같이 있고."

"아이고, 기가 막혀라! 성인군자가 따로 없네."

고상한은 방석을 들췄다. 이 방에도 낱말이 적힌 종이가 있었다.

고상한은 그 종이를 나선호 앞으로 내밀었다.

"자네가 맞혀! 그리고 여길 나가자고."

나선호는 고상한이 내민 종이를 점잖게 옆으로 치웠다.

"처음 이곳으로 세 사람을 부를 때부터 저도 미로에서 영원히 살기로 결심했습니다."

"미친 거 아냐? 아이구, 내 팔자야!"

고상한이 방바닥에 주저앉아 화를 내고 있을 때 성실한은 겨우 정신을 차렸다.

"무, 무슨 일이에요?"

위대한은 성실한이 앉을 수 있도록 부축해 주었다.

"성실한 여사! 좀 괜찮은가요?"

"미로는 어떻게 됐죠? 저기 저분은 또 누구신지……."

성실한이 말을 마치기도 전에 가로챈 사람은 고상한이었다.

"저분이 누구시냐구요? 사실을 알면 '저분'을 '저놈'이라고 부르고 싶을 겁니다. 저놈이 동굴 한옥의 주인이랍니다!"

"네에?"

성실한은 입을 다물지 못했다. 위대한이 한숨을 깊숙이 내쉬며 말을 보탰다.

"저 사람이 내 양아들인 선호였어요. 고상한 박사의 조수이기도 했지요. 지금, 우리는 우리가 지은 죄 때문에 이곳에 있는 겁니다."

"잠깐!"

고상한이 위대한의 말을 가로막으며 나선호한테 다가갔다.

"우리 둘은 죄를 지었다고 치자고. 하지만 성실한 여사는 어떤 죄를 지은 거지? 평생 고아들을 돌보며 산 저분이?"

동굴 한옥의 주인은 아무 말도 없이 고개를 숙였다. 그 모습을 유심히 바라보던 성실한이 단정하게 무릎을 꿇었다.

"지은 죄가 있다면 어떤 벌이든 달게 받겠어요. 그 대신 이분들을 모두 이곳에서 나갈 수 있게 도와주세요. 당신한테 큰 상처를 준 사람들이지만 자기 분야에서 으뜸이라는 소리를 듣는 분들입니다."

"그만하세요. 어머니!"

나선호의 외침에 세 사람은 찬물을 끼얹은 것처럼 조용해졌다. 어머니라니, 이게 도대체 무슨 말인가. 나선호는 천천히 돌아서서 성실한 앞에 무릎을 꿇었다. 그 모습을 바라보는 성실한의 두 눈에서 눈물이 쉴 새 없이 흘러내렸다.

"극복아! 너 극복이 맞지?"

"…… 네, 어머니!"

성실한은 나선호의 어깨를 감싸 안은 채 소리 없이 눈물만 흘렸다. 너무 목이 메어 울음소리조차 낼 수 없었다. 자신이 친 아들이 아니라는 것을 알고 집을 뛰쳐나갔던 아들을 13년 만에 만나는 순간이었다.

"흑! 내가 잘못했다. 날 용서해라."

"아닙니다. 제가 잘못했습니다. 전 어머니가 저를 귀찮아하신다고 생각했습니다. 제가 바르게 못 보고 어머니의 사랑을 삐뚤게만 보았습니다. 어머니께서 지어 주셨던 소중한 이름까지 바꿔 버릴 만큼 어리석었습니다. 이 모든 걸, 이 미로에 가둬 놓고야 깨달았습니다."

"널 귀찮아 하다니! 어디에서건 네가 무사하기만을 기도하며 살았다."

기이이이이이-잉!

방이 다시 뱅그르르르 돌았다. 10분이 지났다는 신호였다. 고상한은 들고 있던 종이를 성실한 앞에 들이밀며 흔들었다.

"이제 정신 좀 차리십시오. 다 죽게 생겼어요. 여사님의 나선호인지, 나극복인지 하는 아들 때문에 말이에요. 어서 맞혀 보십시오."

위대한이 종이를 흔들고 있는 고상한의 손목을 꽉 잡고 두 눈을 부릅뜨며 말했다.

"선호, 아니 극복이 앞에서 제발 조용히 하세요! 성실한 여사도 이제 겨우 정신을 차렸는데."

"그럼, 위대한 회장님이 맞혀 보시든지!"

두 사람의 말을 듣고 있던 성실한이 나극복의 어깨를

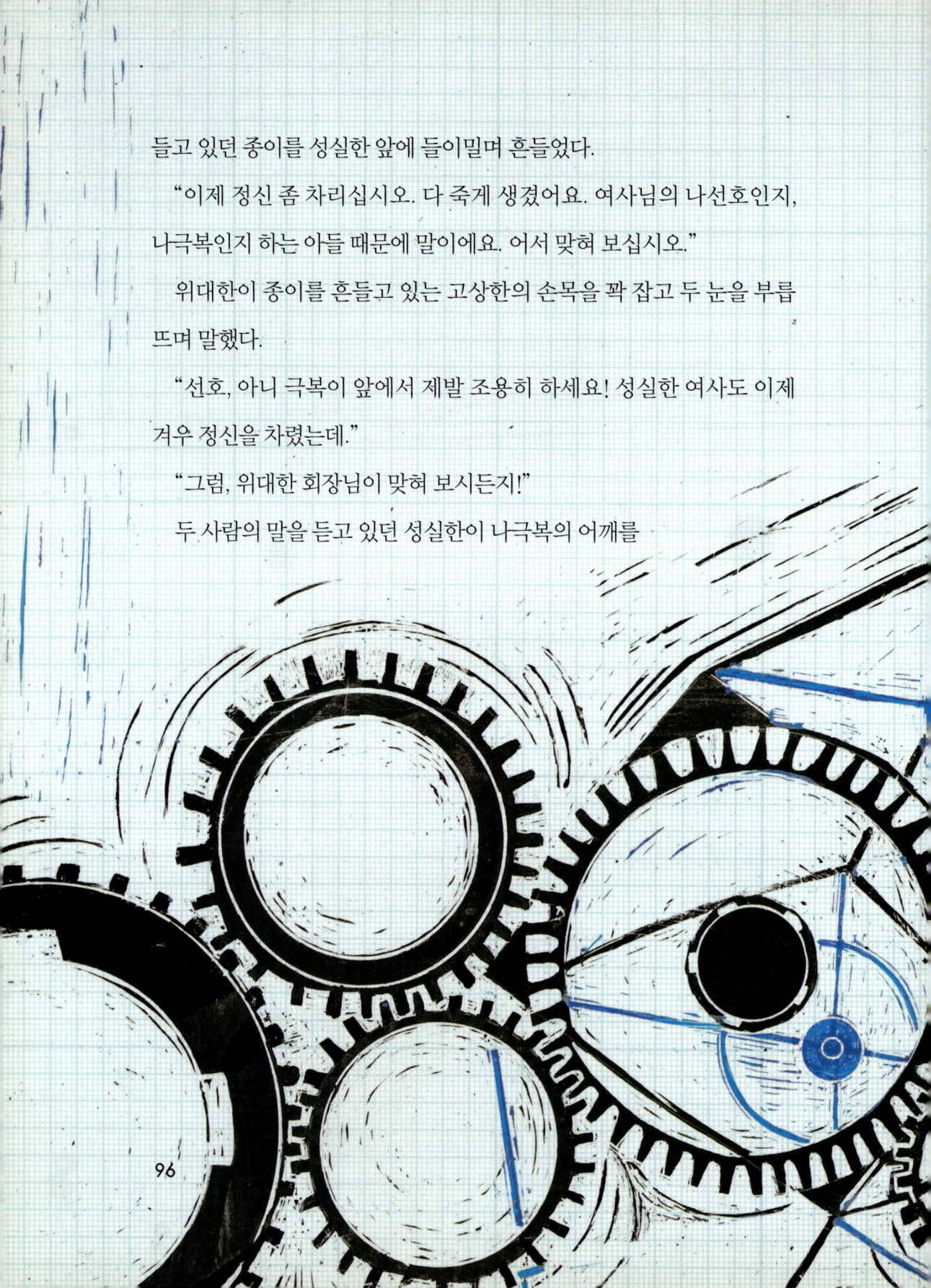

잡고 물었다.

"가만! 선호라니? 회장님의 아들이었고 고상한 박사의 조수였던?"

"네, 어머니!"

"세상에!"

성실한은 그제야 아들이 왜 이런 미로를 만들었는지 알 수 있었다. 또한 위대한과 고상한한테 말할 수 없는 분노를 느꼈다.

"얘야, 네가 지금 어떤 마음일지 알고도 남겠다. 나 또한 저 사람들을 쉽게 용서할 수 없으니까. 하지만 난 저 사람들을 도울 수밖에 없다. 여기 이대로 있다가 너까지 죽게 할 순 없어."

"어머니!"

나극복의 두 눈에서 뜨거운 눈물이 흘러내렸다.

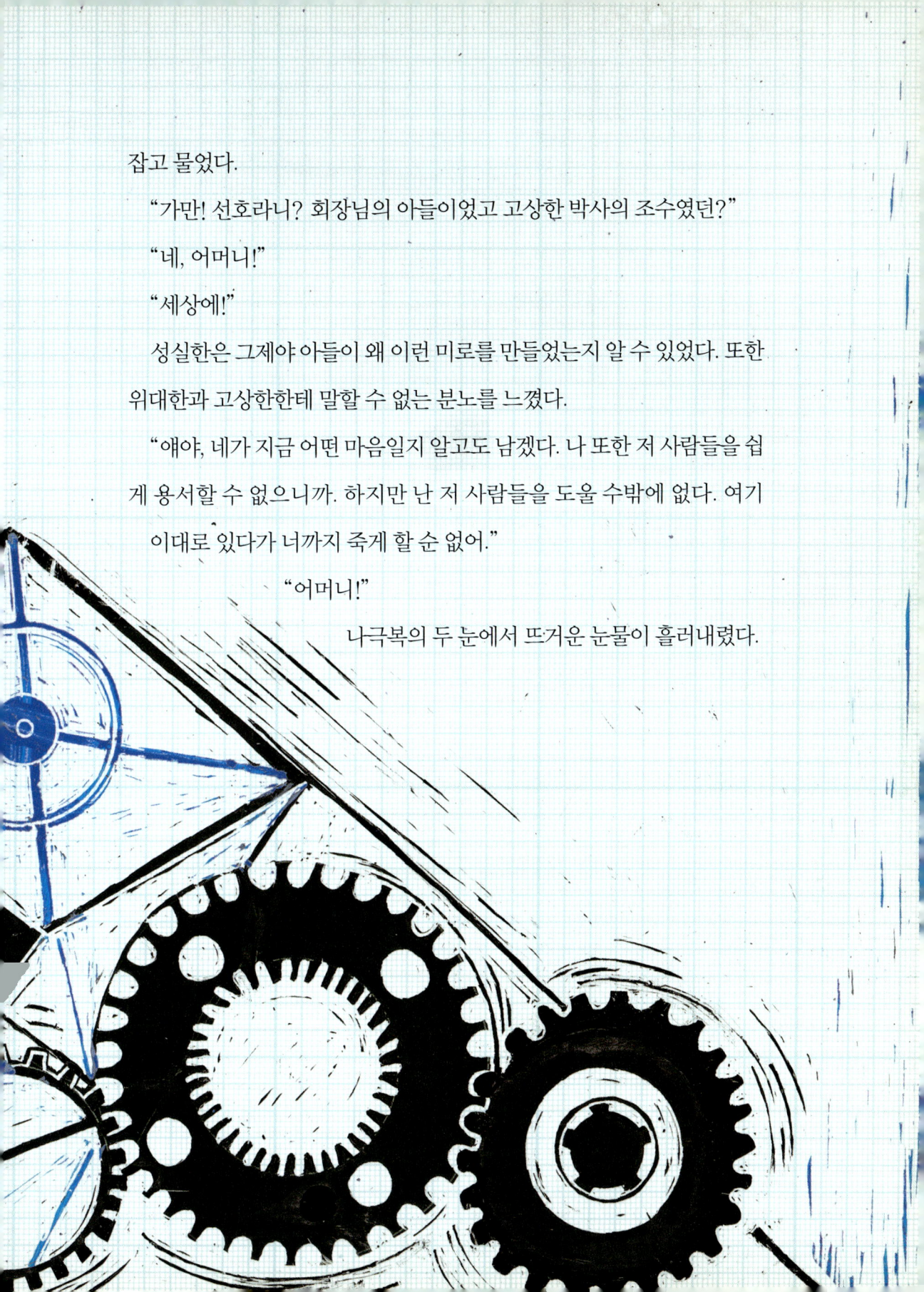

우리나라 속담 1

자연 현상에 빗댄 속담

우리나라의 속담은 '관찰'을 통해 탄생한 것이 많아요. 우리 둘레에서 일어나는 자연 현상이나 동물, 식물의 모습을 잘 관찰했다가 적절한 표현으로 쓰는 것이지요.

뱁새가 황새 따라 가려면 다리가 찢어진다

이런 속담은 상상하는 것만으로도 웃음이 나온답니다. 우리나라에서만 살고 있는 뱁새는 몸길이가 13센티미터쯤 되는 아담한 새로 황새에 견줄 수 없을 만큼 작아요. 황새가 한 걸음 내디딜 때, 뱁새가 짧은 다리를 있는 대로 벌리며 힘들어 하는 모습을 상상해 보세요. 실제로 다리가 찢어진다고 해도 황새를 따라가기는 어려울 거예요. 이 속담은 자기 분수에 맞지 않게 행동하면 큰 낭패를 볼 수 있다는 교훈을 담고 있어요.

조상들의 '관찰' 정신은 **미꾸라지 한 마리가 온 웅덩이 물을 다 흐린다**에도 담겨 있어요.

강물에 작은 웅덩이를 만들어 그 안에 미꾸라지를 넣어 보세요. 미꾸라지가 움직일 때마다 바닥에 가라앉아 있던 흙이 뿌옇게 올라와 물이 흐려지는 것을 볼 수 있어요. 맑은 물이 순식간에 흐려지는 것처럼 쓸데없는 말과 행동으로 사람들 기분을 언짢게 하거나 피해를 주는 것을 빗대어 이르는 말이지요.

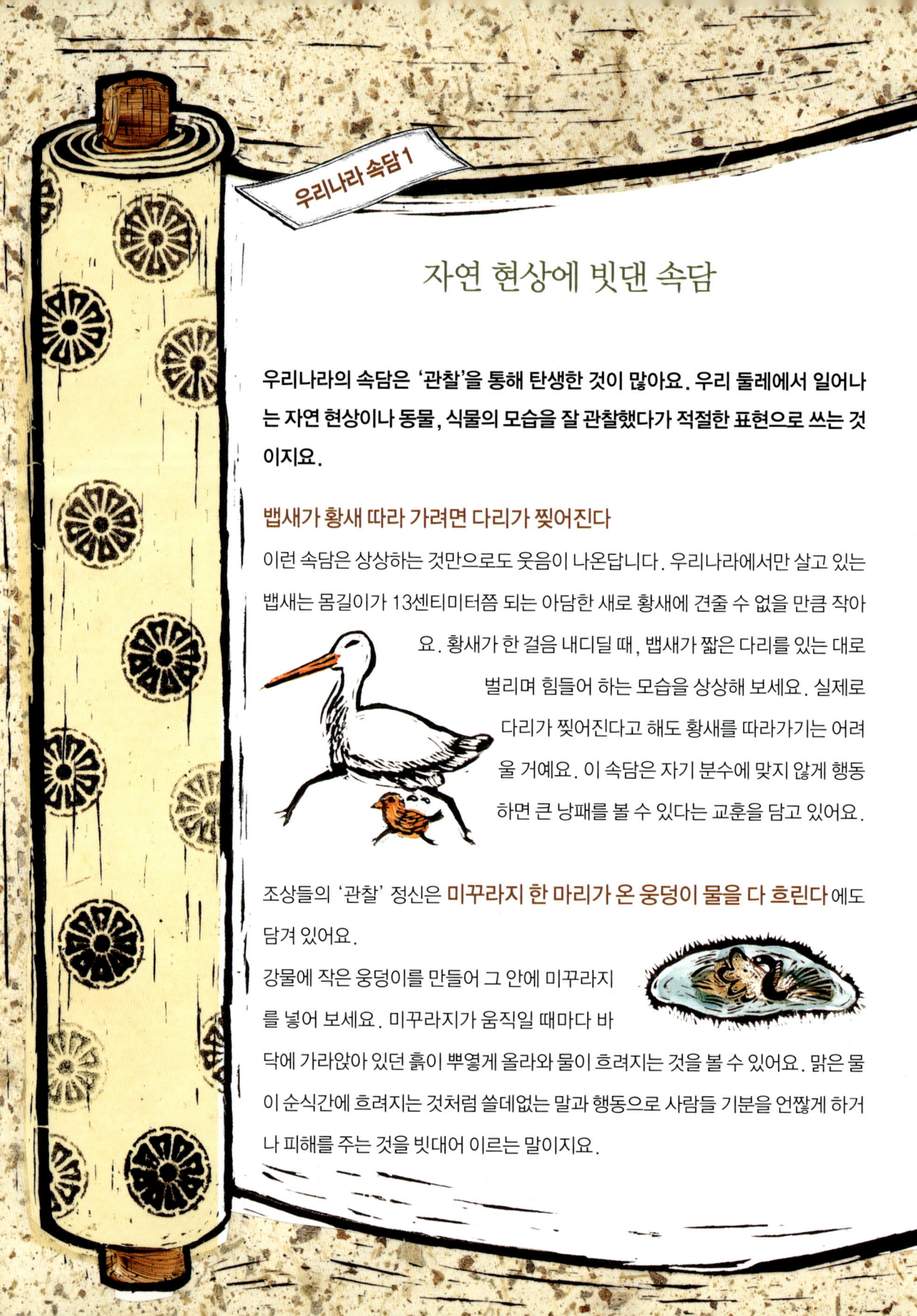

'관찰'은 자연에만 머문 것이 아니라 '양반들'의 행동에도 나타나고 있어요. 체면을 중요하게 여기는 양반들의 모습을 은근히 비꼬면서 통쾌하게 여긴 것이지요.

양반은 물에 빠져 죽어도 개헤엄은 안 친다
물에 빠졌을 때 헤엄을 치지 않으면 어떻게 될까요? 꼼짝없이 죽을 수밖에 없을 거예요. 체면을 목숨처럼 여기는 양반들의 모습은 **양반은 얼어 죽어도 겻불은 안 쬔다** 는 말에서도 찾아볼 수 있어요. '겻불'은 낟알을 털어내고 남은 '겨'를 태우는 불이에요. 나무로 피우는 불보다 작고 초라한 불이랍니다. 양반은 아무리 추워도, 작고 초라한 불은 쬐지 않는다는 말이지요. 바로, 체면 때문에 말이에요.

옛날에는 가난한 양반도 많았기 때문에 **수염이 석 자라도 먹어야 양반** 이라고 하며 체면보다 먹는 것이 더 중요하다는 점을 강조했어요.

양반 지게 진 것 같다 는 속담은 어설픈 행동이나 모양을 가리키는 말이에요. 평생 글만 읽던 양반이 갑자기 지게를 지려고 하면 마치, 맞지 않는 옷을 억지로 입는 것처럼 어색하다는 뜻으로 생겨난 속담이랍니다.

"가루는 칠수록 고와지고 말은 할수록 거칠어진다."

성실한의 말에 문이 열렸다. 고상한은 환해진 얼굴로 다음 방으로 냉큼 들어갔다. 나머지 사람들은 천천히 발길을 옮겼다.

"자! 이제 하나 맞췄으니 마흔아홉 개가 남은 거죠. 속담 문제를 낸 동굴 한옥의 주인까지 계시니, 나가는 건 시간 문제겠군."

"문제는 내가 내는 게 아닙니다."

나극복은 차가운 눈빛으로 고상한을 쏘아보았다.

"뭐라고? 그럼, 누가 내는 건가?"

"동굴 한옥을 움직이고 있는 슈퍼 컴퓨터지요. 어머니가 아프시기에 컴퓨터가 자동으로 문제를 내도록 설정해 놓고 왔으니, 앞으로는 컴퓨터가 문제를 낼 겁니다."

나극복의 말이 끝나기가 무섭게 벽면의 창이 열리더니 모니터가 나타났다. 모니터에는 '부뚜막의 소금도 집어 넣어야 짜다.'라는 말이 적혀 있었다.

"이거, 아예 속담을 가르쳐 주면서 시작하는구먼. 무슨 뜻이지?"

나극복의 부축을 받으며 방바닥에 앉은 성실한은 모니터에 적힌 말을 눈여겨 보았다.

"아무래도 저것과 비슷한 속담을 맞히라고 하는 거 같은데."

"제 생각도 같아요, 어머니. 컴퓨터가 우리를 시험하려고 하는 것 같군요. 저건, 좋은 능력이나 물건을 가지고 있어도 제 때 안 쓰면 그 진가를 알 수 없다는 뜻이에요."

나극복이 성실한한테 조리있게 설명했다. 그 모습을 보던 고상한이 나극복한테 다가가 은근한 목소리로 속삭였다.

"아까는 내가 미안했네. 내가 자네한테 한 일은 생각도 안 하고 여기에서 빠져나가지 못하면 어쩌나 싶어서 소리부터 질렀어. 미안하네."

"……"

"자네도 알다시피, 남들이야 내가 점잖은 줄 알지만 사실, 성격 급하고 욕심도 많지 않은가. 자네는 나를 아주 잘 알았지. 너무 큰 죄를 지어서

102

용서해 달라고도 못하겠네. 미안하네. 아, '몽둥이 세 대 맞아 담 안 뛰어넘을 놈 없다.'는 말도 있지 않나?"

나극복은 고상한한테 어떤 말도 하고 싶지가 않았다. 위대한은 자신이 누구인지 알자마자 반성하는 모습을 보이며 잘못을 빌었지만 고상한은 너무 뻔뻔했다.

나극복 대신 말을 한 건 성실한이었다.

"아주 편할 때만 미안하다고 했다가 급해지면 다시 윽박지르지요. 물은 건너 보아야 알고 사람은 지내 보아야 안다더니, 저리 비키세요. 내 아들 옆에 오지 말아요! 이 애가 그 골짜기에서 죽었을지도 모른다고 생각하면 나도 당신을 안 보고 싶군요."

"성실한 여사! 왜 이러십니까? 화내면 건강에 해롭지요. 어서 속담이나 맞히십시오. 잠자코 있겠습니다."

고상한은 비위를 맞추려고 노력하면서 조용히 뒤로 물러났다. 성실한을 도와 속담을 맞히려던 나극복은 입을 꾹 다문 채 팔짱을 꼈다.

'어머니를 이곳에서 나가게 해드리고 싶지만 고상한 박사만 생각하면 어떤 일도 하고 싶지 않단 말이야.'

성실한은 모니터의 속담을 되뇌이면서 비슷한 것을 찾으려고 애썼다.

"콩도 삶아야 먹는다는 말이 있긴 한데……."

위대한의 중얼거림에 성실한이 무척 반가워했다.

"바로 그거예요. 앞에 어떤 말이 있어요. 어디어디에 있는 콩! 이런 말인데 생각이 안 나요."

고상한도 곧바로 맞히는 일을 거들었다.

"혹시 부뚜막의 콩?"

"아니에요."

"바구니 안의 콩? 쪽박 안의 콩? 가마니 안의 콩?"

"맞아요! **가마니 안의 콩도 삶아야 먹는다**!"

드르륵! 마침내 문이 열렸다. 하지만 기쁨도 잠시, 새로 들어간 방은 지금까지의 방과는 전혀 달랐다. 고상한 한옥의 느낌이 나는 것이 아니라 사방이 하얗고 가구나 창문은 전혀 없었다.

"갑자기 바뀌니까 겁나네."

위대한은 자기도 모르게 자기의 어깨를 쓸어내렸다. 오싹한 한기가 들 정도로 방이 서늘했다. 성실한도 알 수 없는 공포심을 느끼며 아들의 팔을 꽉 잡았다.

"극복아, 어떻게 된 거니?"

"모르겠어요. 이런 방은 만든 적이 없는데 컴퓨터에 뭔가 문제가 생긴 거 같아요."

"저것 좀 봐요!"

옆에 서 있던 고상한이 손가락으로 한쪽 벽을 가리켰다. 하얀 벽 위에는 빨간빛으로 '건망증'이라는 낱말이 조금씩 나타났다가 곧바로 사라졌다.

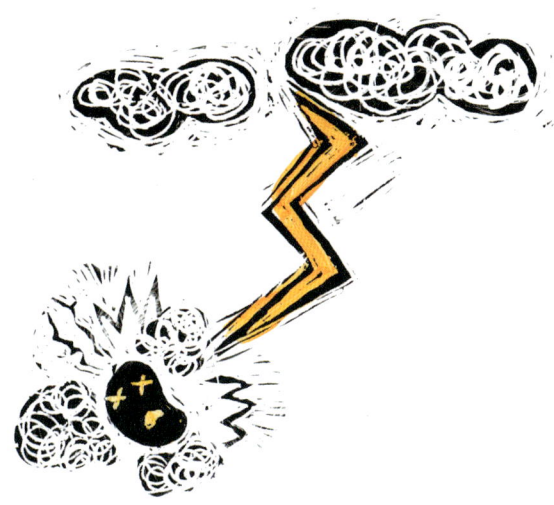

"건망증이라면 잘 잊어버리는 버릇을 말하는 거네. 이거야 쉽지. 번갯불에 콩 볶아 먹는다!"

고상한이 말을 끝내자마자 벽이 안쪽으로 오그라들었다. 방이 좁아진 것이다.

"번갯불에 콩 볶아 먹는다는 어떤 일을 너무 빠르게 서두는 걸 가리키는 말이잖아요. 건망증하고는 전혀 상관도 없다구요. 제대로 해 봐요!"

위대한이 놀란 가슴을 진정시키며 고상한한테 소리쳤다. 놀라기는 고상한도 마찬가지였다.

"도대체 이게 뭐지? 속담을 틀리게 말할 때마다 방이 좁아지나?"

간이 콩알만해진 고상한이 나극복을 바라보았다. 나극복도 혼란스럽기는 마찬가지였다. 이런 일이 일어날 것이라고는 상상도 못했었다. 성실한은 간신히 정신을 차리고 서둘러 말했다.

"얼른 맞히고 나갑시다. 개구리 올챙이 적 생각 못한다!"

다시 벽이 오그라들고 있었다.

105

"맞았다고 생각했는데 어떻게 된 거지?"

성실한은 두려운 눈으로 다가오는 벽을 살펴보았다. 이번에는 벽이 안 멈추고 계속 오그라들었기에 모두들 기절할 듯이 놀랐다.

"어떻게든 막아 봐요!"

네 사람은 모두 벽에 손바닥을 대고 밀어 댔다. 벽이 움직이는 것을 멈췄을 때, 방은 네 사람이 겨우 서 있을 만큼 형편없이 줄어 있었다.

"한 번만 더 틀리면 우리를 납작하게 누를 건가 봐!"

고상한은 울상이 된 얼굴로 부들부들 떨었다. 무섭기는 세 사람 모두 마찬가지였다. 더욱이 동굴 한옥을 만든 나극복마저도 컴퓨터가 갑자기 왜 이러는지 알 수 없었다.

'어머니가 쓰러지는 것을 보고 급히 나오느라 무엇을 잘못 건드린 걸까? 이러다 정말 큰일 나겠는걸.'

나극복은 머릿 속에 떠오른 속담을 말하려고 입을 열었다. 그러나 목소리 대신 한숨이 흘러나왔다. 만약에 이번마저 잘못된다면! 나극복이 망설이고 있을 때 고상한이 그의 앞에 무릎을 꿇었다.

"이제 죽을지도 모른다고 생각하니까 내가 너무 나쁜 놈이었다는 생각이 드네. 아까도 자네한테 소리지르고 내보내달라고 뻔뻔하게 말하고, 정말 미안하네. 내가 성격이 급해서 그래. 남들한테 점잖게 보이려고 노력해도 급한 일이 생기면 소리부터 지르거든. 날 용서해 주게. 그리고 살아 줘서 정말 고맙네."

고상한의 눈에서 굵은 눈물이 흘러내렸다. 나극복은 고개를 돌렸다. 골짜기에서 떨어진 뒤 악착같이 돈을 벌었고, 그 돈으로 이 동굴 한옥을 지으면서 오로지 복수할 날만을 기다리며 살았다.

자신을 진심으로 사랑한다고 생각했던 어머니한테는 배신감을 느꼈고, 양아버지인 위대한은 자신을 바다로 밀었으며, 고상한은 골짜기에 빠뜨려 죽게 했다는 생각 때문에 이를 악물고 복수를 준비했던 것이다.

그러나 꿈에도 그리던 그 복수의 순간에 어머니인 성실한은 누구보다도 자신을 사랑했고, 위대한은 실수로 자신을 바다에 빠뜨렸고, 고상한은 욕심에 눈이 멀었던 불쌍한 사람이었다는 것을 알아버렸다.

이 모든 것을 깨달은 지금, 나극복 역시 미로에 갇혀 죽을지도 모르는 운명이 된 것이다.

'그래, 살아도 같이 살고 죽어도 같이 죽자.'

마음을 굳게 먹은 나극복이 마침내 용기를 내어 말했다.

"갓 사러 갔다가 망건 산다!"

드르르르르르!

벽이 뒤로 물러나면서 한쪽 벽에 문이 열렸다. 새로운 방에 들어간 네 사람은 식은 땀을 닦으며 숨을 몰아쉬었다.

"극복아, 잘했다."

성실한은 아들의 손을 토닥여 주었다. 곧바로 새로운 방 벽에도 붉은 글씨가 나타났다.

위기

글씨를 보자마자 고상한이 성실한한테 다가와 조그맣게 속삭였다. 행여나 컴퓨터가 들을까 봐 무척 조심스러웠다.

"**하늘이 무너져도 솟아날 구멍이 있다** 아닐까요?"

"그런 뻔한 속담을 냈겠어요?"

성실한 역시 소리를 죽여 가며 대꾸했다. 다시 한 번 벽이 줄어드는 끔찍한 일은 겪고 싶지 않았다. 위대한도 모기만하게 말했다.

"**물에 빠지면 지푸라기라도 잡는다**는 어때요?"

"**마른 하늘에 날벼락**은요?"

고상한과 위대한은 모든 판단을 성실한한테 맡겼다. 무엇이 맞는 속담일까 고심하던 성실한은 벽면의 붉은 글씨가 바뀌는 것을 보았다.

"글씨가 바뀌었어요. 컴퓨터가 우리가 의논하는 걸 아나 봐요."

고상한은 벽을 발로 꽝꽝 걷어찼다.

"망할 놈의 컴퓨터 같으니라고. 차라리 **벼룩의 간을 내어 먹어라**! 의논도 못하게 하면 어쩌냐고!"

"시간이 가고 있어요. 침착하게 생각해 봐야죠."

성실한은 용기를 북돋워 주려고 애썼지만 위대한과 고상한은 마음을 안정시킬 수가 없었다.

"불면 날아갈까, 쥐면 꺼질까! 자식을 키우는 부모의 마음."

문이 열렸다. 속담을 말한 사람은 나극복이었다.

"어서 방을 옮기시죠. 이 컴퓨터는 제가 설계한 겁니다. 제가 만든 것에 당할 순 없지요. 같이 살아서 나갑시다."

나극복은 성실한을 부축하며 새로운 방으로 갔다. 고상한이 두 팔을 번쩍 위로 들어 올리며 외쳤다.

"이야, 이제 땅 짚고 헤엄치기겠구나!"

"그게 무슨 뜻인지……."

위대한이 뜻을 물어보았다. 다른 때 같으면 그것도 모르냐며 창피를 주었을 고상한이지만 기분이 너무 좋아 설명까지 곁들였다.

"땅을 손으로 짚고 헤엄치면 누가 그걸 못하겠습니까? 이제 미로 탈출은 누워서 떡 먹기처럼 쉬워진다, 그 말입니다."

"아하!"

위대한은 고개를 끄덕이며 고상한의 지식에 찬사를 보냈다.

우리나라 속담 2

쓸모없거나 작은 것들에 빗댄 속담

옛날에는 거의 모든 집들이 초가였어요. 지푸라기를 엮어 지붕을 얹은 초가는 한 해에 한 번씩 지붕을 바꿔 줘야 했어요. 추운 겨울 동안 벌레들이 상대적으로 따뜻한 초가 지붕으로 모여들기 때문이지요.

그 지푸라기들은 몽땅 태우면 봄에 해충이 될 벌레의 알도 없앨 수 있었어요. **빈대 없앤다고 초가삼간 태운다** 에는 이러한 조상들의 생활 모습이 담겨 있어요. 지붕의 재료였던 지푸라기를 태우다가 온 집을 태우지 않도록 조심하라는 뜻이지요. 작은 일에 얽매여 큰 일을 그르칠 수 있으니 조심하라는 경고의 뜻이 담겨 있어요.

떡 줄 사람은 생각도 않는데 김칫국부터 마신다 같은 속담이나 **첫술에 배부르랴** 에도 어떤 일을 할 때에는 끈기 있게 노력해야 한다는 뜻이 담겨 있어요. 떡을 먹을 때 짭짜름한 김치 국물을 같이 먹으면 훨씬 맛이 있지요. 그렇다고 김치 국물부터 마셨다가 떡을 먹지 못한다면 어떻게 될까요? 입안이 온통 짜고, 매운 맛 때문에 속이 쓰릴지도 몰라요. 밥도 마찬가지랍니다. 부지런히 손과 입을 움직여 원하는 만큼 먹었을 때, 배가 부르고 만족할 수 있지요.

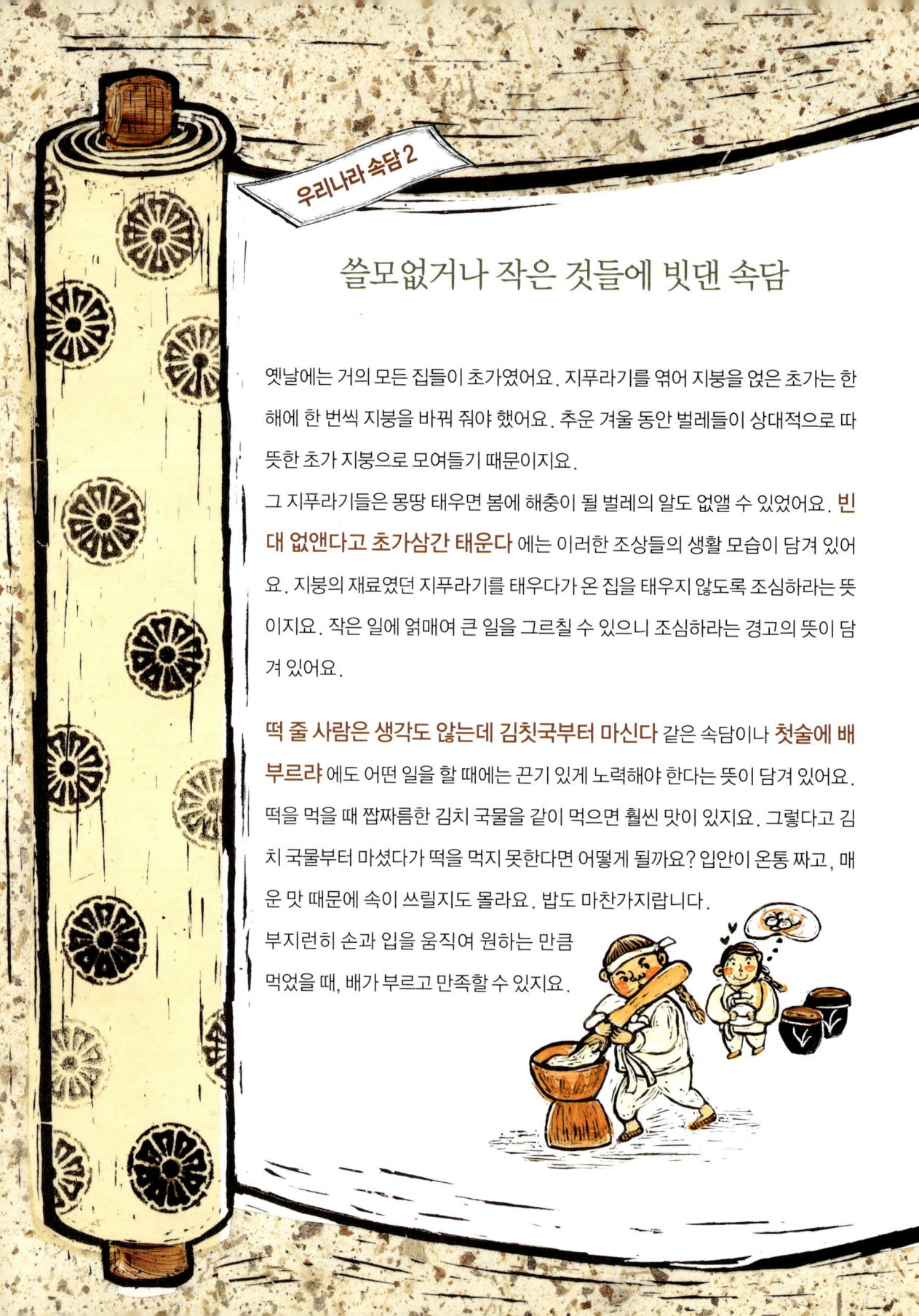

우리 조상들은 사람은 누구나 한 가지씩 재주가 있다고 생각했어요. 그래서 나온 속담이 **굼벵이도 구르는 재주가 있다** 랍니다. 땅속의 굼벵이는 아무것도 할 수 없는 벌레로 보이지만, 땅속에서 살려면 그 안에서 열심히 꿈틀거리고 움직여야만 하지요.
하지만 어떤 사람들은 이 속담을 안 좋은 뜻으로 쓰기도 해요. 열심히 하고 있는 사람한테 "굼벵이도 구르는 재주가 있다는데, 그 말이 맞나 보군."하면서 놀리면 그것처럼 약 오르는 일도 없지요. 좋은 뜻을 지닌 속담도 이야기하는 사람의 성품에 따라서 전혀 다른 말로 쓰일 수 있는 거예요.

척하면 삼천리 라는 말이 있어요. 눈치로 분위기를 파악해서 재빠르고 깔끔하게 처리할 수 있다는 뜻이지요. '척하면 삼천리지 그것도 모르냐?' '역시, 너는 척하면 삼천리구나. 어떻게 알았니?' 하는 식으로 이야기 할 때 많이 쓰는 속담이에요.
척하면 삼천리 처럼 속담의 뜻을 바로 알고 지혜롭게 쓰는 마음이 필요해요. 조상들의 지혜가 담긴 속담이 잘못 쓰는 일이 없도록 말이에요.

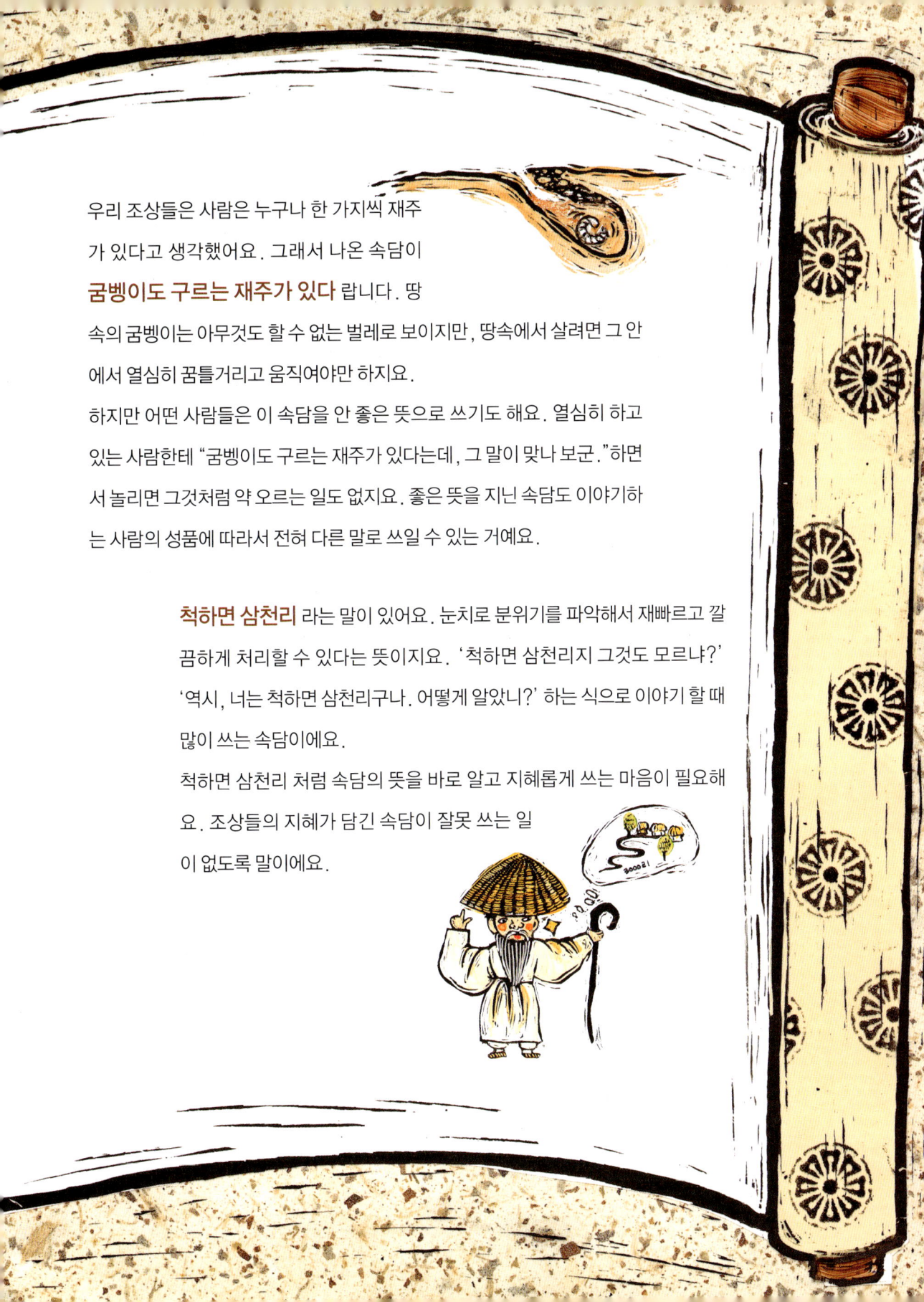

네 사람은 가쁜 숨을 몰아쉬며 마지막 문 앞에 섰다. 이제 속담 하나만 더 맞히면 이 무시무시하고도 지긋지긋한 미로를 벗어날 수 있었다. 마지막 방은 온통 까맸다. 그야말로 시커먼 동굴 같았다.

검은 벽에 붉은 글씨가 종이에 피가 스며들듯이 천천히 번지며 점점 뚜렷해졌다.

방안에 모인 사람들은 나극복의 말을 기다렸다.

"이번에 틀리면 정말 끝장이네, 부탁해!"

고상한이 나극복의 등을 두드렸다.

"어머니, 지혜를 주세요."

"넌 잘할 수 있을 거다. 순식간에 빨리 먹어치우는 걸 보고 꼭 이것 같다고 하잖아."

"아, 알 것 같아요. 남쪽에서 부는 바람인 '마파람'이라는 말이 들어가죠. 어머니는 답을 알고 계시죠?"

"그래, 알고 있어. 갯벌의 게들이 재빨리 눈을 감추는 것을 보고 나온 속담이지. 하지만 혹시라도 답이 아니면 이 방이 무너지기라도 할까 봐 겁나서 차마 말을 못하겠다."

나극복은 성실한의 손을 꼭 쥐었다. 부들부들 떨리는 손이 얼음장처럼 찼다. 그녀의 이마에는 땀이 송글송글 맺혀 있었다.

"어머니, 같이 말해요. 우리 둘이 생각한 게 맞을 거예요."

마주본 어머니와 아들은 두 손을 꼭 잡은 채 있는 힘껏 외쳤다.

"마파람에 게 눈 감추듯 한다!"

위이이이잉 드륵, 드륵!

"이야!"

"얏호!"

마침내 50번째 방의 문이 열렸다. 네 사람은 서로 얼싸안고 기쁨을 나누

었다. 나극복의 기쁨은 남달랐다. 미로에서 탈출하게 된 것도 좋지만 무엇보다 어머니를 다시 만나고 그 사랑을 알게 되어 정말 행복했다.

"자, 나가자고!"

앞장서던 위대한과 고상한의 얼굴이 처참하게 일그러졌다.

"뭐야, 여긴 밖이 아니잖아?"

"뭐라고요?"

동굴 한옥의 컴퓨터실이었다. 컴퓨터는 이제껏 이 집의 주인인 나극복을 컴퓨터실로 안내한 것이었다.

"걱정하지 마십시오. 컴퓨터실입니다. 제가 암호를 알아요."

"어휴! 다행이다. 난 또다시 이상한 곳에 갇힌 줄 알았어."

고상한과 위대한이 안도의 숨을 내쉬며 얼굴 가득 웃음을 지었다.

징징징징!

그때, 비상벨과 비슷한 소리가 컴퓨터실에 울려 퍼졌다.

**비상 사태! 비상 사태!
외부인이 침입했다!**

컴퓨터가 위대한과 고상한이 들어오자 모든 문을 닫아 버렸다. 나극복은 이런 일이 생기리라고는 상상조차 못했었다.

나극복은 곧바로 뛰어나와 컴퓨터로 달려가 문을 열 수 있도록 컴퓨터한테 명령을 내렸다.

"명령한다. 문을 열어라!"

비상 사태! 비상 사태! 명령을 들을 수 없습니다!

"안 되겠어요. 강제로라도 문을 열어야겠어요. 좀 도와주세요. 얼른 서둘러야 합니다."

나극복이 고상한과 위대한을 보며 말했다.

"너무 긴장하지 말고 천천히 하세."

"안 됩니다! 조금 있으면 자폭 장치가 가동될 거예요."

"뭐? 자폭 장치?"

위대한과 고상한의 두 눈이 휘둥그레졌다. 성실한 역시 놀라기는 마찬가지였다.

"동굴 한옥의 컴퓨터 시스템이 마비되면 자폭 장치가 터지게 설계돼 있습니다. 빨리 나가야 해요."

"진작 말할 것이지! 얼른 서두르자고!"

위대한과 고상한이 서둘러 문틈에 손을 넣고 밀었다. 그때 컴퓨터실에 붉은 불이 들어오더니 뱅글뱅글 돌았다. 그와 함께 요란한 싸이렌이 울려퍼졌다.

에에에에에 엥!

"으아! 정말로 자폭 장치가 있네."

고상한은 두 팔의 힘줄이 불끈 솟을 만큼 힘을 주며 문을 잡아당겼다. 동굴 한옥은 그 자체가 살아 있는 생물 같았다. 마지막 죽음을 앞둔 동굴 한옥은 온 방을 스르르 돌렸다.

"아, 어지러워!"

"동굴 한옥이 미쳤나 봐."

컴퓨터실 전체가 돌아가는 속도는 점점 더 빨라졌다. 세 사람은 토할 것 같은 어지러움과 싸워 가며 문틈을 벌리려고 애썼다.

에에에에에에 엥!

싸이렌 소리가 요란스럽게 울려 대며 컴퓨터실의 붉은 빛은 이제 핏빛으로 착각할 만큼 붉어졌다.

세 남자는 비지땀을 쏟으며 문을 밀었다. 틈새가 조금 더 벌어지자 간신히 한 사람씩 빠져 나올 수 있었다. 컴퓨터실 전체는 이미 소용돌이 치듯이 돌고 있었다.

"이제 조종실 문만 남았어요. 뛰어요!"

세 사람은 누가 먼저랄 것도 없이 뛰었다. 나극복은 성실한의 손을 꼭 잡고 뛰었다. 넘어질 듯 바빠질 듯 비틀거리며 앞으로 나아가는 일은 폭풍

우 속을 탈출하는 것 마냥 위태로워 보였다.

40초 남았습니다

"뛰어!"

"여기서 죽을 순 없어!"

나극복은 기어이 밖으로 나가는 조종실의 문을 잡았다. 고상한과 위대한 역시 정신없이 돌고 있는 조종실을 다 건너와 조종실의 문 손잡이를 잡았다. 너무나 정신없고 어지러워서 문 손잡이를 잡았다는 사실만으로도 꿈만 같았다.

"이제 됐어요! 암호만 입력하면 돼요!"

나극복은 손가락을 뻗어 숫자판에 여섯 개의 숫자를 입력했다. 폭발 시간이 바로 눈 앞에 다가오자, 동굴 한옥은 회오리 바람이 이는 것처럼 퍼즐 전체가 돌고 있었다. 그 상태에서는 숫자판의 번호를 누르는 것조차 힘겨웠다.

이제 폭발까지 몇 초나 남았을까? 숫자 하나라도 잘못 누르면, 다시는 기회가 없을지도 몰랐다. 나극복의 손 끝에

나머지 사람들의 눈길이 모아졌다.

3, 7, 8, 9, 5, 0 !

덜커덩! 끼익!

조종실 문이 열렸다. 요동치는 조종실 안에서 세사람이 처음 들어왔던 동굴 들머리가 환하게 보였다. 이제 뛰어내리기만 하면 이 지긋지긋한 동굴 한옥을 탈출할 수 있었다.

"시간이 없습니다! 얼른 빠져나가요! 폭발하면 동굴까지 끝입니다!"

나극복이 소리치며 가장 먼저 뛰어내렸다. 거의 등에 업혀 있는 성실한은 질끈 눈을 감아 버렸다. 지금 세상을 떠난다 해도 아들과 함께라면 두려울 것이 없을 것 같았다.

"이야야야야!"

"으아아아아!"

고상한과 위대한도 조종실 밖으로 뛰어 내렸다. 온몸에 멍이 들면서 땅에 데굴데굴 굴러다녔다. 그것만으로도 죽을 것 같았지만 어디서 그런 힘이 났는지 두 사람은 나극복의 뒤를 따라 동굴 들머리 쪽으로 뛰었다. 나극복의 등에 업혀 있는 성실한은 눈을 돌려 동굴 한옥을 바라보았다. 입체 퍼즐 모양의 동굴 한옥이 어둠 속에서 반짝이는가 싶더니 엄청난 불빛을 사방으로 내뿜으며 쩍 갈라졌다.

콰아아아 쾅!

동굴 한옥에서 폭발음이 들리더니 동굴 전체가 무너져 내렸다. 간신히 동굴에서 벗어난 네 사람은 뽀얗게 피어오르는 흙먼지를 뒤집어쓴 채 숨을 몰아쉬었다.

"살았다! 살았어!"

네 사람은 신선한 숲의 공기를 마음껏 들이마셨다.

"아마 지금쯤, 세상이 발칵 뒤집혔을 겁니다. 하지만 난 이번 여행이 정말 좋았어요. 평생 잊지 못할 겁니다."

위대한이 사람들을 둘러보며 말했다.

"여행? 방금 여행이라고 했습니까?"

고상한이 먼지 때문에 눈을 제대로 뜨지 못하면서 물었다.

"그럼요, 잃어버렸던 아들을 찾은 소중한 여행이지요. 선호, 아니 극복아! 이제 나랑 같이 살자. 어머니까지 같이 모시고."

"아닙니다. 저야말로 큰 죄를 지을 뻔했는걸요. 어머니하고 고아들을 돌보며 살겠습니다."

성실한이 나극복을 바라보며 눈물을 흘렸다. 위대한은 자기 가슴을 탕탕 두드리며 호탕하게 웃었다.

"하하하! 네가 어디에 있든 넌 내 아들이다. 앞으로 성실한 여사가 돌보는 아이들한테 들어가는 모든 비용을 다 대기로 약속했다고!"

"아이고, 협박할 때는 언제고 이젠 생색을 내시네."

고상한이 위대한의 옆구리를 쿡쿡 찌르면서 농담을 했다.

"그나저나, 동굴 한옥에 오면 우리한테 주겠다고 한 '행운의 선물'은 정말 있는 거야?"

나극복한테 물어보는 고상한의 가슴이 두근거렸다. 정말 '단군 왕검의 열쇠'가 있을 수도 있다고 생각했으니 말이다.

"그게 정말로 있다면 어쩌시겠습니까?"

나극복의 한마디에 고상한이 화들짝 놀라더니 눈이 동그래졌다.

"진짜 있다고?"

"네, 정말로 있지요. 위대한 회장님께 약속했던 '기업이 앞으로 백 년 동안 엄청난 돈을 벌 수 있는 사업' 아이디어도 있습니다. 어머니께 보낸 편지에 고아들이 지낼 수 있는 고아원과 후원금까지 모두 준비해 놓은 상태였습니다. 하지만……."

"하지만?"

세 사람이 모두 나극복을 바라보고 있었다. 그는 참 난처한 얼굴로 무너져 내린 동굴 더미를 바라보았다. 나극복의 눈이 '모든 것은 저 동굴 안에 있어요.'라고 말하는 것 같았다.

"설마, 단군 왕검의 열쇠가 저 안에 있다는?"

고상한의 기대에 찬 물음에 나극복이 고개를 끄덕였다.

"폭발에 재가 안 되었다면 언제고 반드시 찾아낼 수 있을 겁니다. 제가 모아 놓은 돈은 모두 없어졌으니 어머니께 약속한 것도 드릴 수 없습니다. 그래도 위대한 회장님께 약속한 사업은 제 머릿속에 고스란히 있으니 알려드릴 수 있어서 다행입니다."

위대한은 밝게 웃으며 나극복의 어깨를 두드렸다.

"**될 성 부른 나무는 떡잎부터 알아본다**는 옛말이 딱 맞다! 넌 처음 만났을 때부터 보통 놈이 아니었어."

"**열두 가지 재주 가진 놈이 저녁거리 간 데 없다**는 말도 못 들어보셨나요? 너무 재주가 많아도 성공 못한다고요. 아들 자랑에 입이 찢어지시네."
고상한이 속담을 섞어 가며 심술을 부려도 위대한은 웃기만 했다.
"이런, 이런! 고상한 박사께서 섭섭하셨던 모양이군. 앞으로 고상한 박사가 연구하는 일이라면 발 벗고 도와드리겠습니다."

"아니! 정말이십니까?"

"그럼요."

"그럼, 당장 단군 왕검의 열쇠를 찾는 일부터 도와주십시오."

고상한의 넉살 좋은 말에 위대한이 껄껄 웃으며 고개를 끄덕였다. 그 모습을 보며 성실한이 아들의 어깨에 머리를 기댔다. 네 사람은 마치 한 식구처럼 이야기를 나누며 산 아래로 천천히 내려갔다.

우리나라 속담 3

불행도 주고 행운도 주는 '똥'에 얽힌 속담

우리나라 속담에는 '똥'에 얽힌 속담이 많아요. 똥은 불행을 주거나 행운을 주는 특별한 기운이 있다고 생각했나 봐요. 더욱이 옛날에는 똥을 농사짓는 거름으로 많이 썼기 때문에, 화장실에서 볼일 보는 일도 다른 집에서는 안 할 만큼 똥을 귀하게 여겼답니다.

'행운의 똥' 속담

- 쇠똥을 우연히 밟으면 좋다.
- 정월 초하룻날 변소에서 파리가 잡히면 그 해 농사가 잘 된다.
- 등잔불이 촛불을 켰을 때 불똥이 많으면 재수가 좋다.
- 된똥을 자주 누는 사람은 부자로 산다.
- 개가 사람의 똥 위에다 똥을 누면 그 집안이 흥한다.
- 변소에서 대변을 오래 보면 오래 산다.
- 변소에 빠지고 똥을 해 먹으면 재수가 있다.
- 까치집을 뒷간^{변소}에서 태우면 병이 없어진다.
- 어린애가 오줌을 잘 누면 커서 농사를 지을 때 논의 물이 안 마른다.

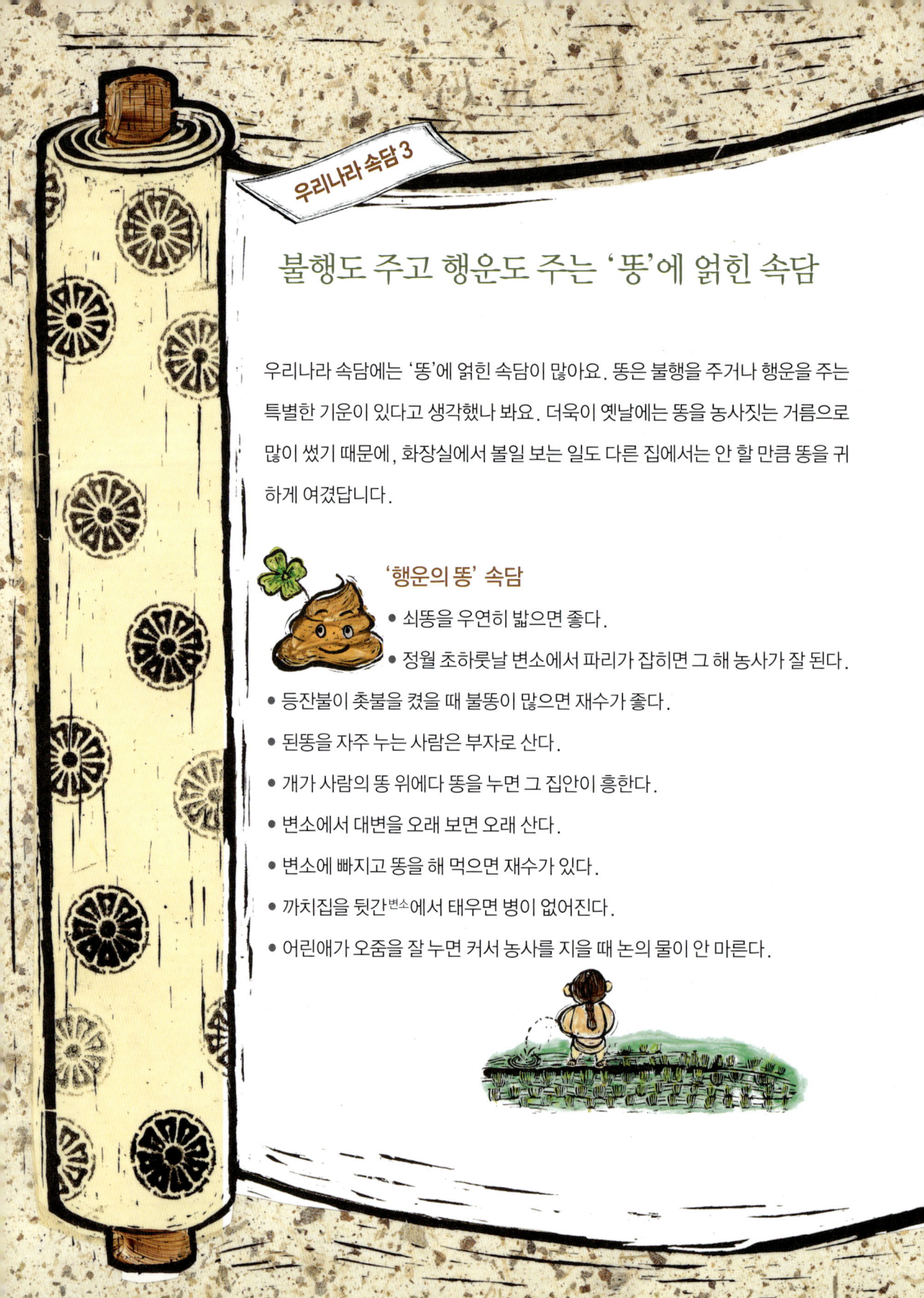

'불길한 똥' 속담

- 새똥이 머리 위에 떨어지면 재수 없다.
- 아궁이에다 오줌을 누면 불길하다.
- 떡 찌다 변소 가면 부정탄다. 나쁜 일이 생긴다.
- 변소를 뜯어고치면 집안 망한다.
- 변소에서 세 번 빠지면 그 사람이 죽는다.
- 변소 안에다 빗자루를 두면 밤에 귀신으로 변한다.
- 변소에서 머리를 긁으면 손에 검불 마른잎, 가랑잎, 지푸라기 같은 것을 통틀어 일컫는 말. 이 글에서는 손톱 밑의 피부가 거칠게 일어난 모양을 일컫는 말.이 생긴다.
- 사람이 똥을 밟으면 미친다.
- 새벽에 똥 구루마 일본말에서 온 외래어로 '수레'라는 뜻.를 보면 그날 재수 없다.

지혜와 웃음이 가득한

우리나라 속담

가는 방망이, 오는 홍두깨
방망이로 쳤더니 그 사람은 옷을 다듬는 커다란 홍두깨를 들고 덤빈다는 뜻이에요. 남한테 잘못하면 그보다 더 나쁜 일을 당할 수도 있다는 말이지요.

가난한 집 제사 돌아오듯 한다
제사를 지내려면 쌀과 고기, 생선을 상에 올려야 해서 돈이 많이 들지요. 가난해서 당장 먹고 살기도 어려운데 제사 때가 되면 정말 어렵겠지요. 어려운 일이 자꾸 생기는 것을 뜻하는 말이에요.

간에 붙고 쓸개에 붙는다
힘이 센 사람이나, 자기한테 이익을 줄 것 같은 사람의 말에 따라, 마음과 행동을 쉽게 바꾸는 사람을 말해요.

감기 고뿔도 남한테 안 준다
감기까지 남을 안 줄 만큼 욕심 많고 인정머리 없는 사람을 가리키는 말이지요.

개장수도 올가미가 있어야 한다
하찮아 보이는 일이라도 그에 필요한 준비와 도구가 있어야 한다는 말이에요. 바꿔 말하면 준비하지 않은 사람은 아무리 작은 일이라도 쉽게 할 수 없다는 뜻이지요.

고기는 씹어야 맛이요, 말은 해야 맛이다
고기를 먹을 때 입에 가만히 물고 있다가 안 씹고 삼키기만 하면 그 맛을 제대로 느낄 수 없을 거예요. 말도 이와 같아서 꼭 해야 할 말이 있을 때, 시원하게 해야 한다는 뜻이에요.

곧은 나무 먼저 찍힌다
유난히 똑똑하거나 정직한 사람이 일찍 세상을 떠났을 때 위로하는 뜻으로 쓰는 말이에요.

급하다고 갓 쓰고 똥 누랴
갓은 옛날 양반 남자들이 밖에 나갈 때 머리에 쓰던 거예요. 서양의 모자와 비슷하지요. 서둘러 외출을 해야 할 때, 마침 화장실에 가고 싶다면 어떻게 해야 할까요? 바쁘다고 화장실 가면서 갓을 쓴다면 그것처럼 웃긴 일도 없을 거예요. 먼저 화장실을 다녀온 뒤, 제대로 옷을 갖춰 입어야 한다는 뜻이지요. 아무리 급해도 일에는 순서가 있다는 말이에요.

깨진 그릇 맞추기
이미 깨진 그릇은 아무리 이어 붙인다고 해도 예전의 모습으로 돌아갈 수 없어요. 이미 잘못된 일을 원래 상태로 돌이키려고 애쓰는 모습을 말해요.

까마귀 고기를 먹었나?
우리 조상들은 까마귀 고기를 먹으면 기억을 잊어버린다고 생각했나 봐요. 그래서 자꾸 기억이 깜빡깜빡하는 건망증 심한 사람을 놀릴 때 이런 말을 했지요.

나간 사람 몫은 있어도 자는 사람 몫은 없다
밖에 일이 있어서 잠깐 자리를 비운 사람한테는 먹을 것을 남겨 주겠지만, 잠만 자고 일 안 하는 사람한테는 줄 것이 없다는 말이지요. 게으른 사람은 먹을 자격이 없다는 뜻이에요.

남의 군불에 밥 짓는다
옛날에는 불이 귀했어요. 엄한 양반집에서는 조상 대대로 전해 내려오는 불씨를 꺼뜨리면 그 며느리가 쫓겨나기도 했지요. 불씨가 귀한 시절에 다른 집 불에다 밥을 짓는 것은 보통 일이 아니었어요. 남 덕분에 많은 이익을 얻었을 때 쓰는 속담이에요.

냉수 먹고 이 쑤시기
배고플 때 냉수만 잔뜩 마신다면 속이 허전하고 이상할 테지요. 하지만 남들이 냉수만 먹은 걸 눈치채는 건 왠지 부끄럽고 속상할 거예요. 그럴 때 이쑤시개로 이를 쑤시는 거예요. '저 사람 고기 먹었나 봐.' 하고 생각하길 바라면서요. 그다지 좋은 일도 없으면서 뭔가 가지고 있는 척하는 모습을 비꼬아 하는 말이랍니다.

노루 피하니 범이 온다
깊은 산속에서 무언가 바스락거리는 소리를 듣고 깜짝 놀랐을 때 뒤돌아보니 노루였어요. 노루는 순한 동물이니까 다행이다 싶었지요. 그런데 조금 가다가 두 눈이 화등잔만하게 큰 호랑이와 딱 마주친 거예요. 어떻게 도망쳐야 할까요? 이처럼 일이 점점 더 어렵고 힘들게 꼬이는 것을 뜻하는 말이에요.

느릿느릿 걸어도 황소걸음
황소는 옛날 우리 조상들한테 으뜸가는 재산이었어요. 농사일을 할 때, 황소는 없어서는 안 될 귀한 일꾼이었지요. 비록 걸음걸이는 좀 느릿느릿 해도 농사일을 거뜬히 도와주니 생각만 해도 든든하지요. 그래서 일을 천천히 하지만 믿음직스럽게 잘하는 모습을 두고 황소걸음이라고 말했던 거예요.

대추나무에 연 걸리듯 한다
옛날에는 찬바람이 씽씽 부는 겨울이 오면 동네 아이들이 저마다 공들여 만든 연으로 연날리기를 했어요. 꼬리가 긴 가오리연, 당당하게 바람을 타는 방패연, 모두 멋지지요. 하지만 운이 나쁘면 높은 나무에 연이 걸려 쓸모없게 되어버렸어요. 동네 아이들마다 한두 번 이런 일이 있었으니 나무에 얼마나 연이 많이 걸렸을지 상상이 되나요? 여기저기에 돈을 꾸어 빚이 많은 모습을 가리켜 나뭇가지에 연이 걸리듯 한다고 말해요.

도둑 맞으려면 개도 안 짖는다
개는 듣는 귀와 코가 발달해서 조금만 낯선 소리와 냄새를 맡았을 때 사납게 짖게 마련이지요. 그래서 옛날에는 집집마다 개를 키웠어요. 하지만 그렇게 잘 짖던 개가 도둑이 든 날에만 유난히 깊은 잠에 빠져 있다면 얼마나 기가 막힐까요? 일이 안 되려면 늘 짖던 개가 잠잠할 만큼 모든 것이 잘 안 된다는 뜻이에요.

독수리는 파리를 못 잡는다
독수리는 하늘을 나는 짐승의 왕이라고 일컫는 멋진 새예요. 날카로운 부리와 발톱, 멋지게 나는 솜씨로 육지에 사는 동물들까지 벌벌 떨게 만들지요. 하지만 대단한 독수리도 파리를 잡는 것만큼은 잘하기가 어렵답니다. 파리는 개구리나 잠자리가 더 잘 잡겠지요. 이 말은 제각각 타고난 능력이 서로 다르다는 것을 알려주고 있어요.

동냥은 안 주고 쪽박만 깬다
쪽박은 거지한테 소중한 도구예요. 거지는 쪽박으로 돈을 동냥하기도 하고 밥을 빌어먹기도 하니까요. 거지가 도움을 요청하려고 찾아갔더니 동냥은커녕, 들고 있던 쪽박까지 깬다면 정말 기가 막히겠지요. 그래서 도와주지는 않고 훼방만 놓는 사람한테 이런 말을 하는 거예요.

두부 먹다 이 빠진다
두부는 찐 달걀만큼이나 부드러운 음식이에요. 이가 약한 노인들이나 막 이가 나는 아기들까지도 먹을 수 있는 음식이지요. 연한 음식을 먹다가 이가 빠진다는 건 상상할 수 없는 일이에요. 이 말은 마음 놓고 있다가 뜻밖의 실수를 하는 때를 말해요. 항상 조심하라는 뜻이지요.

먹지도 못하는 제사에 절만 죽도록 한다
제사가 끝난 다음에는 으레 제사 음식을 나눠 먹어요. 음식이 귀했던 옛날에는 제사 음식을 싸 주기도 했지요. 당연히 저녁을 먹을 수 있겠지 하고 제사에 갔는데, 밥도 못 먹고 음식도 못 받는다면 정말 허무할 거예요. 이처럼 아무 소득이 없는 일에 수고만 하는 일을 두고 하는 말이랍니다.

미련한 송아지 백정을 모른다
백정은 옛날에 소, 돼지 같은 동물을 잡아서 고기를 팔던 직업이에요. 태어난 지 얼마 안 된 송아지로서는 백정이 자기를 잡으려는 사람인지 알 턱이 없지요. 백정이 살살 구슬리면서 기분 좋게 해 주면 곧 죽을지도 모르고 따라가는 송아지의 모습을 보고, 무엇이 옳고 그른지 잘 모르는 어리석은 모습을 비유로 나타낸 말이에요.

바늘구멍으로 하늘 보기
바늘구멍은 가느다란 실 하나를 제대로 꿰어 넣기가 어려울 만큼 좁아요. 그 구멍을 통해서 바라본 하늘도 좁을 수밖에 없어요. 마음이나 생각이 몹시 좁은 사람을 가리켜 하는 말이에요.

벙어리 냉가슴 앓듯 한다
다른 사람한테 하고 싶은 말이 있어도 목소리를 제대로 낼 수 없으면 뜻을 전달할 수가 없지요. 그저 속만 답답할 뿐이지요. 이처럼 남한테 말은 못하고 혼자 걱정하는 모습을 나타낼 때 쓰는 말이에요.

부처님 가운데 토막 같다
부처님은 이 세상의 모든 고민과 걱정에서 벗어난 분이에요. 마음도 누구보다 바르고 곧지요. 과일 하나를 먹을 때에도 한가운데 있는 토막이 가장 크고 좋은 것처럼, 부처님의 가장 좋은 부분만 닮은 어질고 착한 사람을 말할 때 써요.

비렁뱅이가 하늘을 걱정한다
비렁뱅이는 '빌어먹는 사람' 즉 '거지'를 말해요. 오늘 당장 돈이나 음식을 얻지 못하면 밥을 먹을 수 없는 거지가 자기의 처지도 모르고 다른 것을 염려한다면 어떨까요? 이처럼 자기 분수에 안 맞는 엉뚱한 일을 걱정하는 모습을 비꼬아 말한 것이지요.

솥은 검어도 밥은 검지 않다
옛날에는 전기밥솥이 아닌 무쇠로 만든 솥에 밥을 했어요. 무쇠 솥은 거무튀튀하고 투박하게 생겼지요. 하지만 무쇠 솥을 열어보면 김이 모락모락 오르고 윤기가 반지르르한 하얀 밥이 먹음직스럽게 있지요. 겉보기와는 달리 속은 훌륭할 때 이런 말을 써요.

안 되면 조상 탓
일이 잘 됐을 때 생각도 안 하고 있다가, 잘못되면 '조상을 잘못 만나서 그렇다.' '조상이 돌봐 주지 않아서 그렇다.' 고 핑계를 대는 모습을 말하는 속담이에요. 일의 원인을 자기 자신이 아니라 다른 곳에서 찾는 모습을 빗대어 말한 것이지요.

인절미 조청 찍은 맛
금방 뽑은 말랑말랑한 인절미에 달콤한 조청을 찍어서 먹으면 정말 맛있지요. 입맛에 딱 맞고 마음에도 꼭 드는 사람이나 일을 가리키는 말이에요.

작은며느리 보고 나서
큰며느리 무던한 줄 안다
큰며느리를 맞이한 시어머니는 그저 큰며느리가 마

음에 안 들어 전전긍긍하지요. 살림도 서툰 거 같고, 눈치가 빠른 거 같지도 않고 행동도 느릿느릿해 보이니까요.
얼마 뒤 둘째 며느리가 들어왔을 때, 시어머니는 그제야 큰며느리의 좋은 점이 보이지요. 둘째 며느리의 행동보다 큰며느리가 더 낫다는 걸 아는 거지요. 뒷사람을 겪고 나서야 먼저 온 사람의 좋은 점을 알게 된다는 뜻이에요.

잠결에 남의 다리 긁는다
자다 말고 다리가 가려운 것 같아 열심히 긁었는데 그게 다른 사람의 다리였다면 기분이 어떨까요? 이처럼 자신을 위해 한 일이 뜻밖에 남을 위한 일이 되었을 때, 이런 말을 쓰지요.

재떨이와 부자는 모일수록 더럽다
돈 욕심만 부리고 베풀 줄 모르는 부자의 모습을 담뱃재 터는 재떨이로 비유하고 있어요. 담뱃재가 그득한 재떨이가 많이 모이면 냄새가 나서 지저분할 수밖에 없지요. 부자들도 이와 같아서 재물이 많이 모이면 모일수록 인심이 점점 사나워질 수 있다는 뜻이에요.

죽어서 석 잔 술이 살아서 한 잔 술만 못하다
죽은 사람을 제사 지낼 때 술을 올리지요. 하지만 죽은 뒤에 아무리 귀한 술을 대접받고 제사상을 잘 받는다고 해도 이미 죽었기 때문에 아무 소용이 없어요. 그래서 술 한 잔을 먹더라도 살아 있을 때 먹고 대접받는 게 더 낫다는 뜻이에요.

친구 따라 강남 간다
자기 의지와 생각과는 상관없이 그저 남들이 하자는 대로 이리저리 끌려 다니는 모양을 비꼬아 말한 거예요.

포도청의 문고리 빼겠다
포도청은 도둑질하거나 죄를 지은 사람을 잡아들이는 지금의 경찰서 같은 곳이에요. 그런 포도청의 문고리를 빼올 수 있는 사람이라면 보통 담이 큰 도둑이 아니겠지요? 유난히 기가 세고 배짱이 두둑한 사람을 가리켜 이 말을 쓰지요.

혀 아래 도끼 들었다
말은 한번 하고 나면 다시 주워 담을 수가 없어요. 그래서 우리 조상들은 언제나 말조심하기를 말했지요. 혀 아래 도끼가 들었다는 것은 말을 잘못했다가 큰 봉변을 당할 수 있으니 조심하라는 뜻이 담겨 있어요.

흘러가는 물 퍼 주기
목마른 사람한테 흘러가는 맑은 강물을 퍼 준다면 무척 고마워할 거예요. 퍼준 사람 편에서 본다면 물을 사느라고 돈이 든 것도 아니고, 힘을 많이 쓴 것도 아니지요. 그저 작은 친절을 베풀었을 뿐이랍니다. 주는 사람은 대수롭지 않아도, 받는 사람이 고마워하는 일을 뜻하는 말이에요.